Karl-Ernst Detering
Wi(e)der den ökonomischen Unsinn!(?)

Karl-Ernst Detering

Wi(e)der den ökonomischen Unsinn!(?)

Wirtschaftliche Fehler
erkennen und bekämpfen

GABLER

Die Deutsche Bibliothek – CIP-Einheitsaufnahme

Detering, Karl-Ernst:
Wi(e)der den ökonomischen Unsinn!(?) : wirtschaftliche
Fehler erkennen und bekämpfen / Karl-Ernst Detering. –
Wiesbaden : Gabler, 1995

Der Gabler Verlag ist ein Unternehmen der Bertelsmann Fachinformation.
© Betriebswirtschaftlicher Verlag Dr. Th. Gabler GmbH, Wiesbaden 1995
Lektorat: Manuela Eckstein

Softcover reprint of the hardcover 1st edition 1995

Das Werk einschließlich aller seiner Teile ist urheberrechtlich geschützt. Jede Verwertung außerhalb der engen Grenzen des Urheberrechtsgesetzes ist ohne Zustimmung des Verlages unzulässig und strafbar. Das gilt insbesondere für Vervielfältigungen, Übersetzungen, Mikroverfilmungen und die Einspeicherung und Verarbeitung in elektronischen Systemen.

Höchste inhaltliche und technische Qualität unserer Produkte ist unser Ziel. Bei der Produktion und Verbreitung unserer Bücher wollen wir die Umwelt schonen: Dieses Buch ist auf säurefreiem und chlorfrei gebleichtem Papier gedruckt. Die Einschweißfolie besteht aus Polyäthylen und damit aus organischen Grundstoffen, die weder bei der Herstellung noch bei der Verbrennung Schadstoffe freisetzen.

Die Wiedergabe von Gebrauchsnamen, Handelsnamen, Warenbezeichnungen usw. in diesem Werk berechtigt auch ohne besondere Kennzeichnung nicht zu der Annahme, daß solche Namen im Sinne der Warenzeichen- und Markenschutz-Gesetzgebung als frei zu betrachten wären und daher von jedermann benutzt werden dürften.

Umschlaggestaltung: Schrimpf und Partner, Wiesbaden
Satz: Satzstudio RESchulz, Dreieich-Buchschlag

ISBN-13: 978-3-322-82688-6   e-ISBN-13: 978-3-322-82687-9
DOI: 10.1007/978-3-322-82687-9

Ich versuchte über vierzig Jahre Welttheater zu schreiben. Ich nannte meine Stücke Komödien. Zum Andenken des Aristophanes, der seine Zeit in ein Welttheater umwandelte. Er setzte das Paradoxon gegen den Mythos. Er konnte in der mörderischen Gegenwart keinen Sinn mehr finden, es sei denn den Irrsinn, den er gestaltete. Die Tragödie rennt gegen die Welt an und zerschellt, die Komödie wird zurückgeworfen, fällt auf den Hintern und lacht.

Friedrich Dürrenmatt
Nachwort zu Achterloo IV

Vorwort

Wer mit einem funkelnagelneuen Auto einen Verkehrsunfall verursacht, weil wegen eines undichten Bremsflüssigkeitsbehälters die Bremsen versagten, macht wahrscheinlich den Automobilproduzenten für den entstandenen Schaden haftbar. Wenn jemand ein Unternehmen ruiniert, einen Konzern oder eine Volkswirtschaft „vor die Wand fährt", werden Ursachen- und Fehleranalyse ebenso wie das Heranziehen zur Verantwortung meist unverhältnismäßig nebensächlich abgetan. Wer ist da überhaupt für Reklamationen zuständig? Man braucht aber erst gar nicht an „Kardinalfehler" zu denken, um festzustellen, daß es mit der „Qualitätssicherung" wirtschaftlicher Vorgänge nicht allzuweit her ist. Gewinnerzielung ist zwar ein wichtiges Kriterium bei der Beurteilung ökonomischer Aktivitäten, aber die ökonomischen Abläufe sind zu vielgestaltig, um an einem Begriff allein gemessen zu werden.

Im vorliegenden Buch stelle ich die Frage nach den Fehlern und ihren Ursachen in der Wirtschaft, nach dem „ökonomischen Unsinn". Der Titel läßt zugleich anklingen, daß ökonomischen Fehlern ein Wiederholungscharakter anhaftet, weil sie schwer auszumachen sind, und, am Beispiel der Fehlinvestitionen erläutert, zunächst jedenfalls „etwas bewegen", Einkommen schaffen. Wirtschaftstheorie und -politik decken das Thema nicht genügend ab, sie setzen quasi nur „Sollwerte" für ökonomische Prozesse und Zustände.

Zunächst geht es um die Probleme in der Erkennung ökonomischer Fehler. Die Grundlagen ökonomischen Handelns werden aufgezeigt, Rechtsordnung und das richtige Verständnis einer freien und sozialen Marktwirtschaft gehören dazu. Nach einem Hinweis auf die Eigenarten ökonomischer Vorgänge und Fehler analysiere ich mögliche Ursachen für die Entstehung ökonomischen Unsinns. Wie sich die einzelnen Ursachen zueinander verhalten, veranschaulicht die sogenannte „Schichtentheorie".

Ein zweiter Hauptabschnitt beschäftigt sich mit ausgewählten Fällen ökonomischen Unsinns in der Praxis. Die Darstellung beschränkt sich nicht nur auf die Wiedergabe eines Istzustandes; fallweise zeige ich auch konkrete Lösungsmöglichkeiten und potentielle Richtigstellungen auf, soweit das in aller Kürze möglich ist. Dies betrifft unter anderem das Kapitel über Wirtschaftsförderung beziehungsweise Subventionen. Der volks- und betriebswirtschaftliche Bereich wie auch die privaten Haushalte stehen dabei auf dem Prüfstand.

Es geht um eine kritische Auseinandersetzung mit ökonomischen Fehlleistungen in Wirtschaftspolitik und Unternehmensführung. Dabei analysiere ich, wie Fehlentwicklungen („ökonomischer Unsinn") eigentlich entstehen. Es scheint, daß sich viele der unsinnig erscheinenden Widersprüche und Zustände im Wirtschaftsleben auf Fehler und Ursachen zurückführen lassen, die man analysieren und vermeiden kann – wenn man will. Heiter-kritisch hinterfrage ich abgegriffene klischeehafte Darstellungen und Modelle und gebe nachdenkenswerte Anregungen; so kann jeder die Reihe der Beispiele und Problemlösungen selbständig nach Belieben ergänzen.

Das Buch ist für einen breiten Leserkreis angelegt. Hier wird ein Thema ins Visier genommen, das nicht zuletzt diejenigen ansprechen soll, die leitende Funktionen in Wirtschaft, Staat und Gesellschaft ausüben. Manager in Unternehmen oder in der Verwaltung, Vertreter und Mitarbeiter von Wirtschaftsverbänden, Politiker in Bundes- und Länderparlamenten sowie in politischen Parteien sind hier angesprochen und erleben Ökonomie in neuer Sichtweise. Wissenschaftler können ebenso ihr Interesse daran finden, denn das Thema zeigt ein weites künftiges Aufgabenfeld.

Dem Institut für Organisation und Entscheidungsfindung, Frau Dr. Astrid Wender, Bonn, danke ich für die Ermutigung zu dieser Arbeit.

Die Motivation für mich, dieses Thema aufzugreifen, entstand aus einer Vielzahl von Eindrücken, Informationen und Ereignissen im inner- und außerbetrieblichen Bereich in meiner fast 35jährigen Tätigkeit in der Wirtschaft. Es soll Spaß machen, dieses Buch zu lesen; daher habe ich mich bei wissenschaftlichen Ausführungen auf das unverzichtbare Minimum beschränkt. Meine Absicht ist, in systematischer Vorgehensweise Denkanstöße zu geben; alle Fragen konnten nicht beantwortet werden, doch ist das gerade für jemanden, der gerne nach-denkt, von besonderem Reiz.

Osnabrück, im Februar 1995 *Karl-Ernst Detering*

Inhalt

Vorwort 7

1. **Ökonomischer Sinn und Unsinn** 11

   Der Wissenschaftsanspruch der Wirtschaftswissenschaften ... 14
   Qualitätskontrolle und Fehlerermittlung im Bereich
   der Technik 15
   Wie erkennt man Fehler im ökonomischen Verhalten? 17
   Grundlagen ökonomisch sinnvollen Handelns 18

2. **Die Eigenartigkeit ökonomischer Fehler** 27

   Dualismus und Gegenläufigkeit 27
   Die Phasenwirksamkeit wirtschaftlicher Aktivitäten 28
   Das Problem der Objektivität 30
   Nonsense-Econonmy 31

3. **Die Ursachen ökonomischen Unsinns** 33

   Dummheit 33
   Klugheit als Kontrapunkt 36
   Unwissenheit 40
   Sprachliche und gedankliche Verwirrung 41
   Präferenzen 49
   Macht 50
   Die Politisierung der Wirtschaftspolitik 51
   Das Prinzip Verantwortung 52
   Gesetzwidrigkeit, Rechtswidrigkeit, Kriminalität 53
   Und sonst noch 56

4. **Die Schichtentheorie** 57

5. **Ökonomischer Unsinn im volkswirtschaftlichen Bereich** ... 61

   Wirtschaftspolitik 61
   Sinn und Unsinn von Subventionen 75
   Ausgewählte Märkte: Agrarmarkt, Wohnungsmarkt,
   Energiemarkt 80

Steuern 90
Die öffentlichen Ausgaben 101

6. Ökonomischer Unsinn im betriebswirtschaftlichen Bereich 107

Management 107
Humankapital 111
Organisation und Kontrolle 114
Externe Vorgaben für das Unternehmen 119

7. Ökonomische Fehlleistungen der privaten Haushalte 125

8. Aus der Welt der Technik 127

9. Entwicklungspolitik 129

10. Sozialpolitik 135

11. Und so weiter!? 141

Literatur 149

Der Autor 151

1. Ökonomischer Sinn und Unsinn

Wer den wirtschaftlichen Aufstieg der Bundesrepublik Deutschland aus den Ruinen des 2. Weltkrieges erlebt hat, kann eigentlich nur im positiven Sinne erstaunt sein über das, was an Aufbau bis heute geschaffen worden ist. Auf den ersten Blick scheint kaum ein Grund vorhanden, auf die Suche nach Fehlern oder Fehlentwicklungen zu gehen.

Wer die nationalen und internationalen Unterstützungszahlungen betrachtet, wer politische und wirtschaftliche Veränderungen, Crashs, Hungerkatastrophen, die Macht und Ohnmacht der Ölländer und sogenannter Multis – und dagegen unbestreitbar soziales Elend in vielen Ländern – sich vor Augen hält, wird automatisch nachdenklich: ein Anlaß dafür, Situationen, Entwicklungen oder wirtschaftspolitische Konzepte kritisch zu hinterfragen.

Das Eigenartige ist, daß Wirtschaftstheorie und Wirtschaftspolitik im Rahmen ihrer ureigensten Zielsetzung darauf ausgerichtet sind, ökonomische Fehler oder Fehlentwicklungen gar nicht erst aufkommen zu lassen. Und allen Akteuren des wirtschaftlichen und sozialpolitischen Lebens muß man zunächst die Absicht unterstellen, daß sie ihr Bestes geben, um den wirtschaftlichen Erfolg – was man darunter zunächst auch immer verstehen mag – zu mehren und zu sichern.

Und in der Tat: Wer wichtige Daten unserer wirtschaftlichen Entwicklung im Zeitablauf heranzieht, sieht seine zunächst positive Einstellung zum wirtschaftlichen Geschehen anscheinend bestätigt: Da ist zunächst die Entwicklung des Bruttosozialproduktes, also des in Geld ausgedrückten Gesamtwertes aller in einer Periode (Jahr) von der Volkswirtschaft erstellten Güter und Dienstleistungen zu Marktpreisen. Es hatte in den letzten Jahren (1984 bis 1993) Zuwachsraten von jährlich 2 bis 5 Prozent zu verzeichnen und betrug laut Statistischem Jahrbuch der Bundesrepublik Deutschland 382 Milliarden DM im Jahr 1963 und 2 820 Milliarden DM im Jahr 1993.

Auch die Entwicklung der privaten Einkommen hat sich entsprechend positiv abgezeichnet. 1963 erreichte das monatliche ausgabefähige Einkommen eines 4-Personenhaushalts (Haushaltstyp 2) mit mittlerem Einkommen 853 DM, im Jahr 1993 waren es 5 197 DM.

Die Zahl der Beschäftigten in der BRD weist zeitweise ebenfalls positive Zuwächse auf, die das Herz eines Politikers eigentlich nur vor Freude höher schlagen lassen können: Von 1984 bis 1989 stieg die Zahl der Beschäftigen in der BRD von 25 283 000 auf 26 061 000, insgesamt um 3,1 Prozent bzw. 0,8 Prozent jährlich; im Zeitalter von Automation und Datenverarbeitung ist das beachtenswert.

Diese so zuversichtlich stimmenden Angaben lassen sich durch weitere ergänzen, denkt man dabei an Ausfuhrüberschüsse der Jahre bis 1989 oder Vermögensstatistiken. Die ausgewiesenen Zahlen kommen nicht „von ungefähr", sind nicht selbstverständlich. Sie sind das Ergebnis großen persönlichen Einsatzes vieler, zum Teil großartiger Fähigkeiten und Begabungen, langjähriger Ausbildung und großen Fleißes.

Dabei sind noch nicht einmal die jährlichen prozentualen Zuwächse in ihrer Aussagefähigkeit so entscheidend. Ein Vergleich mit historischen Fakten zum Beispiel aus der Mitte des vorigen Jahrhunderts macht erst deutlich, welche Veränderungen sich vollzogen haben.

Leider haben da statistische Vergleiche nur bedingte Aussagefähigkeit. Aber von der Produktivität der industriellen Fertigung unserer Tage, von den Ausgaben für Forschung und Rüstung, wagten unsere Vorfahren sicherlich noch nicht einmal zu träumen. Dabei waren sie keineswegs leistungsschwach. Sie hatten ein kulturelles Niveau erreicht, das uns heute ehrfurchtsvolles Staunen abverlangt. Dennoch gibt es auch eine Menge Fakten, die eher nachdenklich stimmen und zum Teil eher gegensätzliche Eindrücke entstehen lassen.

In der Bundesrepublik existieren Probleme, die sich nach der „Wende", nach der Wiedervereinigung der beiden Teile Deutschlands aufgetan haben. Sie lassen sich aus der – wie wir heute genau wissen – desolaten und katastrophalen Lage des Wirtschaftssystems der früheren DDR erklären.

Aber da ist noch anderes, das zum Teil schon wesentlicher Bestandteil der „alten" BRD war: die sogenannte Alterspyramide der BRD, die unzureichende Geburtenrate, dagegen ein relativ hoher Anteil Rentner und Sozialhilfeempfänger. Andererseits gibt es Zuwanderung durch Aussiedler und Flüchtlinge. Zunehmende Arbeitslosigkeit bleibt, insbesondere im gesamten Deutschland gesehen, bis auf weiteres ein soziales Problem. Der mutmaßliche Finanzierungsbedarf der öffentlichen Kassen führt zu einem Druck auf Leistungsfähigkeit und Leistungsbereitschaft und letztlich zu höherer Belastung des einzelnen mit Steuern und Abgaben.

Während aber einerseits das Bundesverfassungsgericht die Grenzen der Besteuerung am Existenzminimum beim Kinderfreibetrag aufzeigen muß, Finanzbürokratie mit zunehmender Akribie die Besteuerungssachverhalte erfaßt, geschieht es, daß der Verbleib von Millionen bzw. Milliardenbeträgen ungeklärt bleibt. Positive Abschlüsse der Unternehmen und gesamtwirtschaftlich günstige Globalzahlen dürfen nicht darüber hinwegtäuschen, daß einzelwirtschaftliche „Schieflagen" (Konkurse und quasi illegale „Finanztransaktionen") immer wieder vorkommen, die Öffentlichkeit irritieren und letztlich Unschuldige mit unverantwortlich hohen Verlusten belasten. Wirtschaftliches Wachstum müßte eigentlich zur Prosperität jedes einzelnen Privathaushalts und Unternehmens führen. Trotzdem sind vom Staat beziehungsweise vom Steuerzahler dreistellige Milliardenbeträge jährlich aufzubringen, um Unternehmen, ja, ganze Branchen zu subventionieren.

Auch die außenwirtschaftlichen Beziehungen und Verhältnisse lassen keineswegs immer den Schluß zu, als nähere sich die Ökonomie einem modelltheoretischen Idealbild. Trotz der Agrarüberschüsse der „westlichen Industrieländer", neben den zum Teil durch mechanische und automatische Fertigung bedingten Exportüberschüssen, gibt es Arbeitslosigkeit hier und Mangel in den unterentwickelten Ländern. Die Einkommen in den Entwicklungsländern würden ohne zusätzliche Hilfen und Kredite stagnieren; beziehungsweise wegen des Geburtenüberschusses pro Kopf sinken.

Schon in der Europäischen Union lassen sich von Portugal bis Dänemark erhebliche Unterschiede in den wirtschaftlichen Daten, nicht zuletzt auch im Lebensstandard aufzeigen. Das wirtschaftliche West-Ost-Gefälle wird erst in jüngster Zeit in seinem vollen Ausmaß deutlich, das Nord-Süd-Gefälle bleibt weiter mit zunehmender Intensität Thema wirtschafts- und sozialpolitischer Auseinandersetzungen. Andererseits: Wirtschaft ohne Gefälle – ist sie überhaupt vorstellbar?

Trotz gigantischer Vermögensbildung, vereinzelt auch im persönlich-privaten Bereich, mehr noch bei juristischen Personen des privaten und öffentlichen Rechts, trotz relativ hohen Einkommens in breiten Volksschichten, trotz hohen Wachstums, hoher Produktivität und hoher Exportüberschüsse wird der Ruf nach noch mehr Leistung laut. Rechnergestützte Fertigung und „just-in-time-Lieferung" sind Zielvorstellungen für mehr Qualität, weniger Ausfall- und Leerlaufzeiten. Gleichzeitig sollen die 35-

Stunden-Woche, Frühpensionierung und Rentendynamik auf der anderen Seite die Zeit- und Kostenbilanz ausgleichen. Ausgerechnet unter den Industrienationen, die sowieso schon höchste Leistungs- und Einkommenszahlen aufweisen, ist der Wettbewerb um Marktanteile und Exportmärkte am größten.

Wirtschaftstheorie, Wirtschaftspolitik und auch die einzelwirtschaftliche Unternehmenspolitik verfügen über ein gewaltiges Arsenal wirtschaftlicher Steuerungs- und Lenkungselemente: Kostentheorie, Preistheorie, Marketing, Controlling – um nur wenige zu nennen. Trotzdem gibt es Defizite – oft in Milliardenhöhe – in den Staatshaushalten und in Großunternehmen. Hier stellt sich die Frage, wie Präzision und Spitzenleistung auf der einen Seite sich mit Defiziten und Fehlverhalten auf der anderen Seite „vertragen".

Die Vermutung liegt nahe, daß die Ursache für einen großen Teil der offensichtlichen oder vermeidbaren Fehler mit unzulänglicher Umsetzung modelltheoretischer Vorstellungen in die Wirklichkeit ökonomischer Verhältnisse zusammenhängt. Aber bevor wir auf eine Untersuchung der ökonomischen Fehler eingehen können, müssen wir klären, wie eigentlich die Entscheidungsfindung auf der Basis der Wirtschaftstheorie und der auf ihre Erkenntnisse aufbauenden Wirtschaftspolitik funktioniert. Eine Fehlerabgrenzung und -eingrenzung dürfte um so leichter sein, je genauer, bestimmter und bestimmbarer ökonomische Abläufe vor sich gehen.

Der Wissenschaftsanspruch der Wirtschaftswissenschaften

Was „Wirtschaften" eigentlich ist, möchte ich in wenigen Worten in Erinnerung rufen:

Es geht um die Verwendung knapper Resourcen (Güter), die zu Produktionszwecken (Dienstleistung) einzusetzen sind und letztlich gegenwärtigen oder zukünftigen Konsumzwecken dienen. Die Verteilung von Gütern und Dienstleistungen ist in diesem Zusammenhang ebenfalls zu erwähnen.

Wie die Ingenieur-Wissenschaft ist die Wirtschaftswissenschaft eine Wissenschaft, die ohne Praxisbezogenheit und Anwendung in sich nicht schlüssig wäre. Die Wirtschaftswissenschaft ist in dem Sinne keine „sogenannte exakte Wissenschaft" wie beispielsweise die Naturwissenschaften. Zwar lassen sich theoretisch Aussagen treffen, in welcher Relation beispielsweise Preissenkungen eine elastische Nachfrage beeinflussen, aber diese Daten erreichen wegen einer Vielzahl nicht bestimmbarer Einflußfaktoren nicht die Präzision eines physikalischen oder chemischen Experimentes auf mathematischer Basis. Andererseits kann der „normative Bereich" nicht der absoluten politischen Willkür unterliegen. Beispielsweise können Preissteigerungsraten, Etatansätze in öffentlichen, ja auch in privaten Haushalten, „Kostenblöcke" in Unternehmen schwerlich präzise in ihrer Höhe definiert bzw. abgeleitet werden. Sie sind zugleich ein Ergebnis politisch normativer Entscheidung. Dabei muß auch der politisch normative Bereich der Ökonomie sachlich beurteilt und bewertet werden können. Ohne diese Sachbezogenheit würde ein Zustand absoluter Willkür heraufbeschworen, wie er aus unrühmlichen Phasen in der Geschichte vieler Völker hinreichend bekannt ist.

In der Verbindung von eigengesetzlichem Ablauf wirtschaftlicher Vorgänge einerseits und menschlicher Verhaltensweise andererseits, die auf einer anderen Ebene wiederum Gesetzmäßigkeiten unterliegt, in der Verbindung von Theorie, Empirie und politischer Einflußnahme liegt – auch heute noch – ein undefinierbarer Reiz, aber auch ein immer aktuelles und weites Problemfeld.

Qualitätskontrolle und Fehlerermittlung im Bereich der Technik

Für Definition, Ermittlung und Beseitigung von Fehlern erscheint naheliegend, daß naturwissenschaftliches Denken bzw. mathematisch logische Vorgehensweise die besten Voraussetzungen mitbringt. So ist denn auch zu erklären, daß seit Jahrzehnten, im Grunde genommen seit Jahrhunderten, mit ständig wachsendem Erfolg an einer Vervollkommnung der Qualitätssicherung und der Qualitätskontrolle im technischen Bereich gearbeitet wird.

Wodurch gelingt es, bei der Qualitätskontrolle Fehler eindeutig zu definieren? Wir wollen uns hier auf den Fall des Vergleiches mit der Deutschen

16 Ökonomischer Sinn und Unsinn

Industrienorm (DIN) beschränken. Kurz gesagt handelt es sich zum Beispiel bei einer Art der Fehlerermittlung darum, den bei der Produktion erreichten Status mit der DIN-Norm zu vergleichen. Weicht der Gehalt an bestimmten in Gewichtsprozenten festgelegten Legierungselementen einer definierten Metallegierung von der DIN-Norm ab, muß diese Abweichung nach DIN als Fehler erklärt werden.

Doch was sind die eigentlichen Kriterien, die Merkmale von Normen im technischen Bereich? Sie sollen hier kurz aufgeführt werden. Begrifflich werden wir ihnen möglicherweise wieder begegnen, wenn von „Normen" die Rede ist, die auf Verhältnisse in der Ökonomie bezogen sind.

- Gefüge und Strukturen: Darunter versteht man die inneren Gestaltungsformen.
- Maße: Die Dimensionierung eines Objektes kann oft von entscheidender Bedeutung sein.
- Analysen: Damit ist in der Regel die substantielle Zusammensetzung gemeint.

Um später unsere Erkenntnisse über die Normen/Fehler-Problematik auf die Ökonomie zu übertragen, ist es sinnvoll, auf einige Kriterien der Normenbildung hinzuweisen:

- Normen entstehen zwar aus der Notwendigkeit, beispielsweise generelle technische Daten in bestimmter Weise ausrichten zu müssen, weil sonst ein technisches Objekt seinen Zweck nicht erfüllt. Immer aber besteht der Konsens aller Beteiligten, sich auf der Basis der Normen zu verständigen, und das in der Regel *freiwillig;* das gilt insbesondere für die Festlegung von Toleranzen. Wer mit der Norm nicht einverstanden ist, verschließt sich in der Regel technischer und kommerzieller Kommunikation und handelt sich unnötige Kosten ein.
- Normen sind immer so konzipiert, daß sie für das jeweilige Objekt sinnvoll sind und im Anwendungsfall spezifischen Nutzen bringen, besser: Durch Einhaltung von Normen werden Fehler vermieden und Schaden wird abgewendet.
- Normen erleichtern daher Verständigung, Information und Kommunikation; sie bilden damit zugleich ein wertvolles Hilfsmittel bei Planungen jeder Art.

Wie erkennt man Fehler im ökonomischen Verhalten?

Diese Frage ist, vordergründig betrachtet, scheinbar leicht zu beantworten. Natürlich sind die wirtschaftlichen Ergebnisse normalerweise der Indikator für wirtschaftliche Maßnahmen. Probleme können sich dadurch ergeben, daß die erstellte Zahlenwelt ihrerseits schon wieder eine Zielgröße wirtschafts- oder steuerpolitischer Überlegungen war.

Die Fehlersuche kann in einem solchen Fall dazu führen, daß Normen beziehungsweise Fehler auf einer ganz anderen Ebene gesucht werden müssen, als das vordergründig der Fall zu sein scheint. Wenn also der Versuch gemacht werden soll, Fehler und Fehlentwicklungen im ökonomischen Bereich zu erkennen und zu analysieren, kann die Vorgehensweise aus den Naturwissenschaften mit detaillierter Systematik nicht unmittelbar übernommen werden.

Weiterführende Fragen, die sich hier stellen, könnten lauten:

- Wo (zum Beispiel auf welcher „Ebene") und in welcher Art gibt es Normen, die wirtschaftlich richtiges Verhalten und richtige Entscheidungen ausbedingen?
- Wie lassen sich neue Normen begründen beziehungsweise bisher vernachlässigte Normen rekreieren, anwenden und zu allgemeiner Akzeptanz bringen?
- Welche Kriterien können für solche Normen bestimmend sein?
- Worin sind die Ursachen zu sehen, daß ökonomische Fehler, Fehlentscheidungen und Fehlverhalten in vielen Fällen schwer zu erkennen sind? Philosophen würden sagen: In vielen Fällen ist erst a posteriori, wenn man die Erfahrung gemacht hat, das gesamte Ausmaß des Schadens zu sehen.
- Wie sind ökonomische Fehler im hier verstandenen Sinne zu definieren?
- Wie könnte eine Systematik ökonomischer Fehler aussehen?

18 Ökonomischer Sinn und Unsinn

Grundlagen ökonomisch sinnvollen Handelns

Von den ersten Tauschaktionen nomadischer Stämme vor ca. 10 000 Jahren bis zur „Sozialen Marktwirtschaft" unserer High-Tech-Epoche hat es Wirtschaft – in welcher Ordnungsform auch immer – stets gegeben. Prosperität wechselte mit Krisen und Katastrophen, von denen eine der größten sich in letzter Zeit im Ostblock offenbart. „Funktioniert" hat das Wirtschaftsleben immer, wenn nicht legal, dann illegal, sonst wäre die Menschheit zugrunde gegangen.

Wir wollen Wirtschaftsgeschichte hier nicht rekapitulieren. Nur ein paar Stationen seien in Erinnerung zurückgerufen: Nomadische Stammeswirtschaft, Feldwirtschaft, Sklavenhaltung der Antike bis ins 18. Jahrhundert, mittelalterliche Ständewirtschaft, Merkantilismus, Liberalismus beziehungsweise sogenannte klassisch-liberale Wirtschaftsordnung, kapitalistische und sozialistische Wirtschaftsordnung, Zwangswirtschaft, soziale Marktwirtschaft.

In der Tat, die Welt hat schon viel Wundersames – auch in der Ökonomie – erlebt. Wirtschaftliche Fehlentwicklungen, auch großen Ausmaßes, hat es immer wieder gegeben. Sie haben zu Revolutionen, Reformationen und Wanderungsbewegungen der Bevölkerung bis in unsere Tage geführt. Und auch in Zukunft werden Fehler gemacht werden (müssen).

Grundsätzlich kann es nicht befriedigen, wenn man diese Fehler, die sich oft so nachteilig für den einzelnen, für ganze soziale Schichten, ja für eine Nation und davon in Mitleidenschaft gezogene andere Gruppen und Staaten auswirken, nur mit Staunen oder Kopfschütteln zur Kenntnis nimmt. „Funktionsfähigkeit" mit Fehlern kann auf die Dauer nicht befriedigen. Hier ist Ursachenforschung gefragt, Analysen sind erforderlich, es muß nach Maßnahmen gesucht werden, um diese Fehler

– möglichst von vornherein zu vermeiden versuchen,
– sofern bereits im Ansatz vorhanden, sie zu begrenzen
– beziehungsweise sie zu beseitigen.

Dieser Aufgabe sollte ebensoviel Bedeutung zukommen wie der Planung und Durchführung anderer ökonomischer Maßnahmen.

Es gibt Tausende von sogenannten ökonomischen Modellen, die unter bestimmten Annahmen und Voraussetzungen jeweils bestimmte Gesetzmäßigkeiten aufzeigen. Diese Modelle sind gewissermaßen ein Rasterschema ökonomischer Möglichkeiten. Der tatsächliche Ablauf des Wirtschaftslebens wird aber von Verhaltensweisen bestimmt, durch vorausgehende Denkvorgänge gesteuert und unter Umständen fehlgeleitet.

Versuchen wir also, ähnlich wie im naturwissenschaftlichen Bereich, als Orientierungspunkte für die Fehlererkennung und Beurteilung normative Begriffe und Bereiche abzugrenzen.

1. „Im Mittelpunkt steht der Mensch" heißt ein bekannter Slogan, der im allgemeinen die Sozialbezogenheit von Aktivitäten ausdrücken soll. In der Ökonomie ist das nicht viel anders. Der wirtschaftlich denkende Mensch, der *„homo oeconomicus"* sollte als zentrale und bestimmende Größe in das Wirtschaftsleben eingebunden sein, als Produzent, als einer, der Leistung erbringt, ebenso wie der Konsument, als Rentner, als Hausfrau usw.

Im „homo oeconomicus" legt Gebhard Kirchgässner dar, daß der „homo oeconomicus" durch individualistisches Verhalten gekennzeichnet ist: Er ist ein selbständig denkender und handelnder Mensch und kein Mitglied einer amorphen Masse. Der „homo oeconomicus" handelt vernünftig, indem er unter Berücksichtigung der ihm auferlegten Beschränkungen gewöhnlich jene Handlungsalternative vorzieht, die ihm den größten Vorteil verspricht. Als wesentlichen Bestandteil ökonomisch richtigen Verhaltens gilt die rationale Verhaltensweise:

– Das ist im wesentlichen vernunftbestimmtes Handeln. Allgemein ausgedrückt ist *Vernunft* die geistige Fähigkeit, Tätigkeit des Menschen, soweit sie auf Werterhaltung, auf den universellen Zusammenhang der Dinge und alles Geschehene und auf zweckvolle Betätigung innerhalb dieses Zusammenhangs gerichtet ist. Sie ist das Vermögen, nach Grundsätzen entweder zu urteilen (theoretische Vernunft) oder zu handeln (praktische Vernunft). Im historischen Rückblick (Stoa) wurden sogar Beziehungen der Vernunft im Hinblick auf die Gesetzmäßigkeit der Natur aufgezeigt. (Schmidt, Heinrich, Philos. Wörterbuch 22. Aufl. S. 755)
– In wirtschaftlicher Hinsicht bedeutet dies, daß beispielsweise unter sonst gleichen Voraussetzungen von unterschiedlich teuren Gütern das billigste gekauft, von verschiedenen technisch möglichen Fertigungsmethoden die kostengünstigste gewählt wird, und was die

Einstellung zum Finanzsektor betrifft, so muß die Einsicht vorherrschen, daß langfristig nicht mehr ausgegeben werden kann als das, was letztendlich verfügbar ist, von Wachstumsfragen einmal abgesehen.
– Das vernunftbestimmte wirtschaftliche Handeln des homo oeconomicus setzt im übrigen auch erfolgreiches Bemühen um optimale Information über das Marktgeschehen, Kommunikation mit Personen und Medien und einen Einblick in den ständigen Wandel der Wirtschaft voraus.

2. Die „Soziale Marktwirtschaft" als Wirtschaftsordnung, in der wirtschaftliche und soziale Faktoren eine enge Bindung eingehen, kann ein wichtiger Orientierungspunkt im Hinblick auf das sein, was wir wirtschaftlich sinnvolle Verhaltensweise nennen. Sie bewegt sich keinesfalls im problemfreien Raum, aber im wesentlichen Grundzügen hat sie sich – obwohl nicht „fertiges System", sondern „freiheitlich zu gestaltende Ordnung" – bewährt. Erinnert sei kurz an einige wichtige Merkmale: Weitgehende Freiheit von Wettbewerb, Preisbildung, Berufs- und Arbeitsplatzwahl, Konsum und Eigentumsbildung, immer unter Berücksichtigung der sozialen Interessen der Menschen. Der Gestaltungs- und Entfaltungsmöglichkeit der sozialen Marktwirtschaft sind im Zusammenhang mit ihren außenwirtschaftlichen Berührungspunkten durch andere Wirtschaftsordnungen zentralistisch-planwirtschaftlicher Orientierung unter Umständen Grenzen gesetzt. Das beeinträchtigt aber nicht ihr Selbstverständnis.

Die Grafik auf Seite 21 hebt sicher Wesentliches hervor, berücksichtigt aber leider in keiner Weise die soziale Komponente, ohne die das marktwirtschaftliche System in der Bundesrepublik nicht zu verstehen ist.

3. Das Problem der „Rechtsstaatlichkeit" ist ebenfalls eine Voraussetzung, ohne die freiheitlich-wirtschaftlicher Aktionismus seinen Sinn verlieren würde. „Rechtsstaatlichkeit" ist eine für alle Bürger verpflichtende und berechtigende Norm. Unter anderem ist damit gemeint, daß jeder einzelne Bürger berechtigte Interessen (Rechte, Grundrechte) durchsetzen kann, vorausgesetzt, Recht und Gesetz haben der verfassungsmäßigen Mitwirkung der notwendigen demokratischen Institutionen unterlegen. Jedes Einzelrecht hat seine spezifische Bedeutung. Das Recht auf Privat-

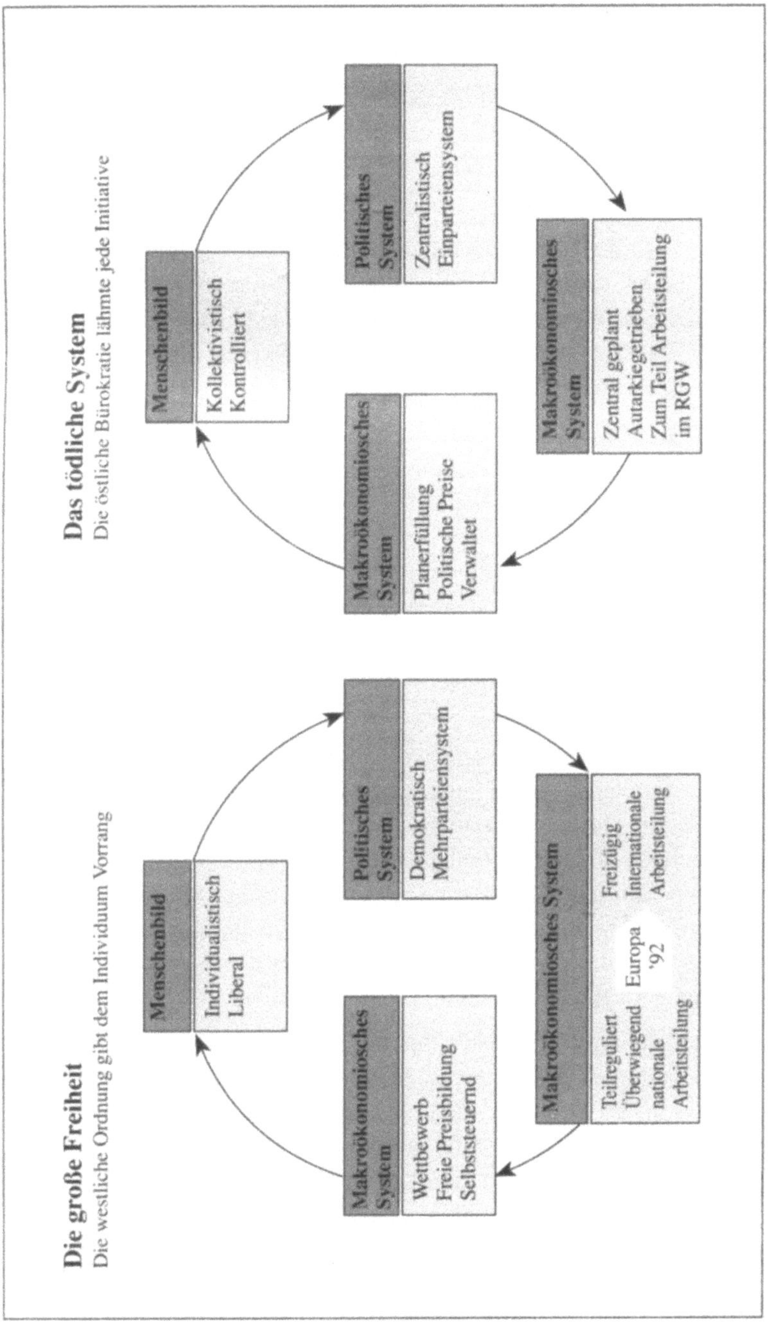

Grundlagen ökonomisch sinnvollen Handelns 21

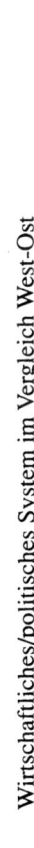

Die große Freiheit
Die westliche Ordnung gibt dem Individuum Vorrang

Menschenbild
Individualistisch
Liberal

Politisches System
Demokratisch
Mehrparteiensystem

Makroökonomisches System
Freizügig
Internationale Arbeitsteilung

Makroökonomisches System
Teilreguliert
Überwiegend nationale Arbeitsteilung
Europa '92

Makroökonomisches System
Wettbewerb
Freie Preisbildung
Selbststeuernd

Das tödliche System
Die östliche Bürokratie lähmte jede Initiative

Menschenbild
Kollektivistisch
Kontrolliert

Politisches System
Zentralistisch
Einparteiensystem

Makroökonomisches System
Zentral geplant
Autarkiegetrieben
Zum Teil Arbeitsteilung im RGW

Makroökonomisches System
Planerfüllung
Politische Preise
Verwaltet

Quelle: Manager Magazin 8/1990

Wirtschaftliches/politisches System im Vergleich West-Ost

eigentum ist eines der fundamentalen „Naturrechte" und ein wesentliches Abgrenzungsmerkmal zu anderen Systemen.

Jede staatliche Willkür steht im Gegensatz zu der bestehenden freiheitlichen rechtsstaatlichen Ordnung und unterbindet damit letztlich das, was diese Ordnung wirtschaftlich und sozial zu garantieren im Stande ist: Rechtssicherheit.

Wenn nach Artikel 3 Grundgesetz von der „Gleichheit vor dem Gesetz" die Rede ist, so macht dieser Grundsatz schon juristisch Interpretationen erforderlich. Auch in wirtschaftlicher Hinsicht kann Gleichheit nicht als absolutes Postulat verstanden werden, sondern ist einer differenzierenden Beurteilung zu unterziehen.

4. Wer die Freiheit hat, trägt auch die *Verantwortung*. Das ist ein unauflösbarer Zusammenhang, der an unserer Rechts- und Gesellschaftsordnung vielfach abzulesen ist. Wird dieser Grundsatz durchbrochen, hat das in der Regel ernst zu nehmende wirtschaftliche Konsequenzen. Aber nicht nur die Bereitschaft, Verantwortung zu übernehmen, gehört zur Basis wirtschaftlichen Handelns, sondern auch Engagement und Motivation; „incentives" sagt man jenseits des Kanals. Auch die *persönlichen* Voraussetzungen müssen stimmen: Bereitschaft zur Leistung, Intelligenz, Charakter und Ausbildung.

Da wir mit diesen Beschreibungen schon in den Bereich der Psychologie vorstoßen, wollen wir hier auch nicht die Begriffe Moral und Ethik ausklammern. Moral ist derjenige Ausschnitt aus dem Reich der ethischen Werte, dessen Anerkennung und Verwirklichung bei jedem erwachsenen Menschen zunächst angenommen wird. Und das ethische Verhalten hat Kant im kategorischen Imperativ zu objektivieren versucht: „Handle so, daß die Maxime deines Willens jederzeit zugleich als Prinzip einer allgemeinen Gesetzgebung gelten können."

Vorstellungen von Moral und Ethik hat es bisher in allen Kulturen und Weltanschauungen der Menschheitsgeschichte gegeben. Von geographisch bedingten Unterschieden abgesehen, ergibt sich über fast alle Kulturen hinweg ein breiter Grundkonsens. Handlungen und Verhaltensweisen werden als „gut" oder „böse" apostrophiert. In jedem Fall unterliegt menschliches Tun einer (gesellschaftlichen) Wertung.

Gleichwohl ist „das Gute" nur durch „das Böse" zu verstehen – und umgekehrt. Letztendlich lebt die Welt aus ihrer in sich beruhenden Polarität.

Daraus sind manche Widersprüche in unserem Handeln, auch in der Ökonomie, zu erklären. Mit sogenannten moralischen Appellen haben wie es bei den „Maßhalteaufrufen" Ludwig Erhards in den 60er Jahren zu tun. Schon die alten Griechen stellten mit ihrem „metron kalliston" fest, daß „Maßhalten das Beste" ist. Maßhalten kann ein wichtiges moralisches Postulat sein, im Wirtschaftsleben sogar mehr als das: eine Aufforderung, die richtige Dimensionierung ökonomischer Größen zu beachten.

Doch gibt es überhaupt so etwas wie ein persönliches Vorbild für ökonomisch richtige, das heißt rationale Verhaltensweise? Die Frage ist nur mit gewissen Einschränkungen zu beantworten. Nehmen wir eine legendäre Figur mit hohem Bekanntheitsgrad: Robinson Crusoe. Dieser Einsiedler war auf seiner einsamen Insel auf sich allein gestellt. Zu rationaler wirtschaftlicher Verhaltensweise zwangen ihn die gegebenen Umstände. In seinen Entscheidungen frei, trug er für alles die volle Verantwortung. Weniger seine Person als die zwingenden Umstände, die vorgegebene Notwendigkeit, mit begrenzten Mitteln seine Existenz zu sichern, könnten unter gewissen Voraussetzungen beispielhaft Maßstab sein. In seiner Umgebung waren der sogenannte tertiäre und quartäre Sektor (Dienstleistung, Umweltschutz usw.) nicht vorhanden. Er wirtschaftete (!) ohne Zins- und Geldmengenpolitik. Ebenso fehlte jede Außenwirtschaftsbeziehung. Diese Bereiche sind aus einem Wirtschaftssystem unserer Tage nicht wegzudenken.

Als Verhaltensmuster kann das Robinson-Szenario deshalb dann herangezogen werden, wenn weniger das wirtschaftliche Umfeld, vielmehr die Situation des „hic et nunc", das hier und heute, der kurzfristigen und zielorientierten Entscheidungen gefragt ist.

5. *Rechnerische Größen* – immer unter dem Vorbehalt, letzte Genauigkeit überhaupt ermitteln zu können – kommen als mögliche Norm, als Zielprojektion ökonomischen Handelns in Frage. Dazu gehören beispielsweise Statistik, Kosten- und Ergebnisrechnung, Wertanalyse und Investitionsrechnung. Weniger Einzelfehler sollen uns in diesem Zusammenhang interessieren, als vielmehr Fehler von Inhalt, Dimension und Sinngebung her.

Ein Wertmaßstab, der zwar schwierig in absoluten Zahlen darzustellen ist, dafür aber mit gesetzesmäßiger Präzision funktioniert, verdient besondere Beachtung: Das sogenannte Gossensche Gesetz, das *Gesetz vom abnehmenden Grenznutzen,* besagt, daß bei steigendem Verbrauch eines Gutes der Gesamtnutzen zunimmt. Mit weiter steigendem Konsum sinkt jedoch der Grenznutzen (der zusätzliche Nutzen, den die letzte Einheit eines Gutes erbringt).

Das „klassische Beispiel" für die Wirksamkeit des Gossenschen Gesetzes ist immer noch der Wanderer in der Wüste, für den nach einer langen Durststrecke der erste Schluck Wasser in der Oase wegen seiner lebensrettenden Funktion höchste Wertkategorie darstellt. Anschließend wird dann der Durst – bei allmählich sinkendem Grenznutzen – bis hin zum Sättigungsgrad gestillt.

6. *Der technische, wirtschaftliche und soziale Wandel* bringt einen neuen Gesichtspunkt in unsere Vorstellung von den scheinbar feststehenden Normen. Heraklits Feststellung ca. 500 v. Chr., daß alles fließt, alles in Bewegung ist, gilt besonders für das Wirtschaftsleben.

Auf technischem Gebiet hat sich über die Energietechnologie, Chemie, Elektrotechnik, Motorisierung, Informationstechniken bis hin zur Biotechnologie in den letzten 150 Jahren ein enormer Wandel mit früher unvorstellbaren technischen Möglichkeiten ergeben. Gleichzeitig haben neue Technologien eine der wichtigsten Leistungskenngrößen gravierend verändert: die Produktivität. Alle volkswirtschaftlichen Bereiche sind davon betroffen, Landwirtschaft und Industrie ebenso wie der sogenannte tertiäre Sektor, der Verwaltungs- und Dienstleistungsbereich.

Die Erhöhung der Produktivität hat ein solches Ausmaß erreicht, daß heute bereichsweise mannlose Produktion, sogenannte Geisterschichten, gefahren werden können. Automation gibt es zwar noch nicht in allen Bereichen, aber der Unternehmer, der zuerst durch Automation und innovative Techniken die niedrigsten Stückkosten erreicht, zwingt dadurch schnell seine Wettbewerber, es ihm nachzutun, und Kosten- und Produktivitätsnachteile auszugleichen. Als Beispiel sei auf die komplexen Veränderungen in der industriellen Struktur an Rhein und Ruhr hingewiesen. Computerunterstützte Fertigungstechniken, „lean-production", „schlanke Fertigung" mit „just-in-time"-Lieferung (synchronisierte Zulieferung) bestimmen das Bild und werden zur Norm.

Klar ist, daß Normen keineswegs überall und zu jeder Zeit eingehalten werden (können). In der ungeheuren Vielzahl wirtschaftlicher Vorgänge

Grundlagen ökonomisch sinnvollen Handelns 25

entwickelt sich der eine Teil „besser" als die Norm, der andere Teil der wirtschaftlichen Aktionen neigt zur entgegengesetzten Bewegung. Diese „kompensierende Entwicklung" verdeutlicht, daß trotz wirtschaftlicher Schieflagen in Einzelbereichen die Wirtschaft insgesamt weiter „funktioniert" und erst – je nach Überwiegen der positiven oder negativen Einflüsse – Wachstumsphasen oder Krisen entstehen.

Ein Vergleich möge das kurz verdeutlichen: Auch ein Automobil kann noch bedingt fahrtauglich sein, wenn es abgefahrene Reifen hat, wenn eine Achse angebrochen ist, die Karosserie rostet, Zylinderköpfe undicht sind usw. Man fährt möglicherweise langsamer, aber vielleicht sogar noch recht lange. Ähnlich können wir auf wirtschaftlichem Gebiet die Situation sehen: Ein Staat, ein Staatshaushalt, ein Unternehmen oder ein Privathaushalt, in dem Fehler überhand nehmen, in dem Normen erfolgreicher Wirtschaftsführung vernachlässigt werden, existiert, funktioniert noch, nimmt aber auf die Dauer Schaden und geht im Extremfall sogar unter. Aber auch die wirtschaftlichen Fehler scheinbar geringeren Ausmaßes müssen bezahlt werden, im allgemeinen von den Geschädigten, oft leider nur in geringerem Maße von den eigentlichen Urhebern.

Das tut der Forderung keinen Abbruch, daß selbstverständlich alle möglichen Anstrengungen unternommen werden müssen, Fehler zu vermeiden, weil

– das in der Regel die einfachste und billigste Art ist, Kosten und Aufwand niedrig zu halten;
– in unserem sozial vernetzten Wirtschaftsleben Fehler in der Regel keine „Privatsache" sind und andere Menschen unmittelbar oder mittelbar davon beeinträchtigt werden.

Mit anderen Worten: Mitmenschen zahlen die Zeche für ökonomisches Fehlverhalten.

2. Die Eigenartigkeit ökonomischer Fehler

Ökonomische Fehler weisen eine gewisse Parallele zu Fehlersituationen im technischen Bereich auf; im Vergleich zu technischen Fehlern besitzen sie jedoch ihre besondere Eigenart: Technische Fehler erklären sich oft „aus der Natur der Sache", aus dem Werkstoff- oder Prozeßverhalten technischer Vorgänge. In der Ökonomie liegen Ursachen in stärkerem Maße im persönlichen Handeln, persönlichen Fehlverhalten, in fehlerhafter Motivation, Fahrlässigkeit oder bei Fehlentscheidungen.

Werfen wir einen Blick auf die Eigenartigkeit *ökonomischer* Fehler:

Dualismus und Gegenläufigkeit

„Keine Buchung ohne Gegenbuchung" ist der oberste Grundsatz der doppelten Buchführung, die nicht nur Bestandsrechnung ist, sondern gleichzeitig auch ergebniswirksame Vorgänge mit erfaßt.

Und ähnlich wie in der Buchhaltung beispielsweise der Verkauf einer Ware den Gewinn/Verlust *ebenso wie* Forderungen oder Kassenbestände vermehrt, wie eine Kreditrückzahlung Bargeld und Schulden vermindert, so werden alle wirtschaftlichen Vorgänge in zweifacher Weise wirksam; sie sind ambivalent:

Das Sparen in privaten Haushalten führt zu höheren Zinseinnahmen, geringeren Schulden, andererseits zu weniger Absatz/Umsatz in Unternehmen. Eigener Export wird zum Import im Ausland, ein zu zahlender hoher Preis/hohe Kosten sind für den Partner hoher Ertrag/hoher Gewinn; hohe Staatseinnahmen bilden sich in der Regel aus Steuern und führen zu einer entsprechend starken Belastung der privaten Wirtschaft.

Dieser *Dualismus* kann sich, wie aus den letzten beiden Fällen zum Teil schon deutlich wird, in real gegenläufigen Vorgängen manifestieren.

Auch gesamtwirtschaftlich gesehen kann diese Gegenläufigkeit ökonomischer Vorgänge Bedeutung erlangen, wenn wir beispielsweise an das Wachstum des Bruttosozialprodukts denken. Permanentes Wachstum von Bruttosozialprodukt und Weltbevölkerung muß langfristig zu wachsenden

Umweltproblemen führen. Das muß nicht bedeuten, daß die Belastung der Umwelt exponentiell steigt, wie 1973 in der Meadow-Studie des Club of Rome behauptet wurde: Aber wachstumsbedingte Umweltbelastung erregt in zunehmendem Maße die öffentliche Aufmerksamkeit.

Gegenläufig sind in vielen Fällen die volkswirtschaftlichen Globalgrößen

- Vollbeschäftigung
- Wirtschaftswachstum
- ausgeglichene Handelsbilanz
- Preisstabilität,

die auch als „magisches Viereck" bekannt sind. So können Vollbeschäftigung und Wachstum auf starker Auslandsnachfrage beruhen und zu Ausfuhrüberschüssen, also zu einer aktiven Handelsbilanz führen. Im Ausland wird das Ergebnis spiegelbildlich anders, aber jeweils in sich gegenläufig sein.

In seinem Buch „Die Logik des Mißlingens" weist Dietrich Dörner auf Fehlerursachen hin, die bei komplexen Situationen in der Sache selbst liegen: „In komplexen, vernetzten und dynamischen Handlungssituationen macht unser Gehirn Fehler: Wir beschäftigen uns mit dem ärgerlichen Knoten und sehen nicht das Netz; wir berücksichtigen nicht, daß man in einem System nicht eine Größe allein modifizieren kann, ohne damit gleichzeitig alle anderen zu beeinflussen."

Die Phasenwirksamkeit wirtschaftlicher Aktivitäten

Wenn wir das Universum als ein vierdimensionales Ganzes verstehen, in dem nicht nur die drei Achsen des Raumes Endlichkeit ausdrücken, sondern auch noch die Zeit eine Rolle spielt, so können wir mit etwas Phantasie von der Wirtschaft ähnliches annehmen. In zwei Dimensionen ist sie über den gesamten Globus ausgebreitet, die dritte Dimension beschreibt ihre Vielschichtigkeit: Produktion (man spricht sogar von Fertigungstiefe), Handel, Dienstleistungen; und dann ist als vierte Dimension wieder die Zeit zu nennen.

Nun hat die „Zeit" nicht nur eine immense Bedeutung im Bankgewerbe, beispielsweise in der Zinsrechnung, sie ist auch in der Lage, wirtschaftliche

Maßnahmen in einem jeweils anderen Licht erscheinen zu lassen. Billigkäufe können im Laufe der Zeit zu großen Wertzuwächsen führen, beispielsweise bei Kunstwerken; Maschinenproduktivität hat im Laufe der Zeit die Arbeitsproduktivität in völlig neue Dimensionen gerückt. Das Wortspiel vom „Handel und Wandel" deutet schließlich darauf hin, daß der Wandel das Beständige im Wirtschaftsleben ist. Die Zeit macht diese ständige „Phasenverschiebung" möglich.

Der Zeitbegriff ist der zentrale Punkt der Planung. Schumpeter stellt in seiner Konjunkturtheorie gerade auch auf den frühen Zeitpunkt der Realisierung von Innovationen ab, die zu den ersten überdurchschnittlichen Unternehmensgewinnen führen. „Time is money" tönt es von den pragmatisch denkenden angelsächsischen Ökonomen herüber, und Zeitgewinn ist das Hauptziel fast jeder Rationalisierung.

Mit einer zeitlichen Verschiebung einer geht in der Regel eine unterschiedliche Phasenwirksamkeit ökonomischer Maßnahmen. Denken wir uns den Fall, daß jemand in einem dementen Zustand Geld in der ursprünglichen Bedeutung des Wortes aus dem Fenster wirft, so wird man diesen Vorgang als krankhaft und unsinnig deklarieren. Ein ökonomischer Effekt tritt in dieser Phase nicht ein. Es wird aber sicher nach nicht allzulanger Zeit einen Finder geben, der beglückt das Geld an sich nimmt und – falls er es nicht im Fundbüro abliefert – zu Konsum- oder Investiv-Zwecken dem Wirtschafts-Geldkreislauf wieder zuführt. Damit gibt er gewissermaßen der Wirtschaft neue Impulse, setzt, wie die Theoretiker sagen, einen Akzelerator-/Multiplikator-Effekt in Gang. Der Akzelerator-Effekt bewirkt eine Zunahme der Investitionen durch mehr Nachfrage und Produktion; beim Multiplikatoreffekt führt höhere Investition zu mehr Produktion und Beschäftigung. Beide Vorgänge in Wechselwirkung bilden den Akzelerator-/Multiplikator-Effekt.

Aus der unsinnigen Handlung der ersten Phase wird damit in der zweiten Phase ein wirtschaftspolitisch hochwillkommener Vorgang.

Dieses „Geldverteilen" muß in seiner ersten Stufe nicht im eigentlichen Sinne „unvernünftig" sein. Im Grunde genommen können wir in diese Primärstufe jede unmittelbare Geldvergabe einordnen.

Dazu gehören auch „Spendengelder", Subventionen und Transferzahlungen. Auch eine reine Geldmengenvermehrung kann unter Umständen wirtschaftspolitisch als Stimulanz erwünscht sein.

Aber weil eben der Sinngehalt, die Nutzung der Geldmittel phasenweise so ungemein unterschiedlich, ja gegensätzlich sein kann, deshalb muß auch eine Wertung im Rahmen vorgegebener Normen-/Fehlerbeurteilung sehr vorsichtig vorgenommen werden; und das ist schwierig.

Das Problem der Objektivität

Fehlererkennung und -beurteilung als Voraussetzung der Fehlerbeseitigung oder -vermeidung setzt immer auch eine Objektivität der Beteiligten voraus. Von Objektivität wird viel gesprochen, sie wird oft erwartet, in der Regel insbesondere von Sachverständigen und Richtern. Sie in allen Fällen uneingeschränkt zu wahren, ist ungemein schwierig, wenn nicht gar unmöglich.

Folgen wir den Aussagen der Philosophen, so besitzt der Mensch die Fähigkeit, etwas streng objektiv zu beobachten oder darzustellen, nicht. Diese Erkenntnis drängt sich ebenfalls auf, wenn wir zur Ökonomie hinüberblenden: Bereiche, die der objektiven Beurteilung besonders schwer zugänglich sind, finden wir beispielsweise im Börsengeschehen und bei Investitionsüberlegungen, wo in der Regel die subjektive Erwartungshaltung eine große Rolle spielt.

Preisbildung kann höchst subjektiven Bestimmungsgründen unterliegen, denken wir an Liebhaberpreise oder an das im Orient übliche „Feilschen". Über die Preisbildung schließt sich auch wieder der gedankliche Kreis hin zur (Grenz-)nutzenschätzung, die ja bekanntlich auf subjektiver Nutzenbeurteilung beruht, und in vielen Fällen ausschlaggebend ist für die Bestimmung von Angebot und Nachfrage.

Trotz dieser Subjektivität der Nutzenschätzung ist das Gossensche „Gesetz" vom sinkenden Grenznutzen zusätzlicher Einheiten ein *Gesetz!* Als solches hat es wieder objektiv zu beurteilende Bedeutung im Sinne einer objektiven Norm.

Ein Begriff unterliegt im Bereich der Ökonomie einer besonders schwierigen objektiven Beurteilung, der Begriff der „Gleichheit". Zwar ein viel benutztes Wort, und doch müssen wir feststellen, daß es absolute Gleichheit gar nicht gibt. Selbst zwei Punkte auf dem Papier unterscheiden sich schon durch ihre Lage, und die Verwirklichung des Gleichheitsgrundsatzes – nach revolutionärem Postulat – hat bekanntlich im sogenannten realen Sozialismus Schiffbruch erlitten.

Mit dem Begriff des „wirtschaftlichen Gefälles", dies sind regionale und/ oder soziale Unterschiede in den wichtigsten volkswirtschaftlichen Kenngrößen (Einkommen, Produktivität u. a.), sind in der Regel Einkommensunterschiede gemeint. Einerseits erscheint es richtig, wenn solche extremen Einkommensunterschiede als sozial ungerecht, ja unvertretbar angemahnt werden. Andererseits hat es realiter noch keinen Staat gegeben, in dem für jedermann gleiche Einkommensverhältnisse herrschten, weil die Höhe des individuellen Einkommens in der Regel das Ergebnis einer Vielzahl von Einzelentscheidungen ist, die man unmöglich alle koordinieren kann.

Gleichwohl ist „wirtschaftliches Gefälle" in einer freien Wirtschaftsordnung angesagt. Schon die bekannten graphischen Darstellungen der Angebots- und Nachfragekurven bei beispielsweise vollkommener Konkurrenz auf der Angebots- und Nachfrageseite erklären sich aus unterschiedlicher wirtschaftlicher „Leistungsfähigkeit" der Marktteilnehmer.

Vielleicht ist hier ein Vergleich mit Gegebenheiten der Natur angebracht: Je größer das Gefälle eines Flusses oder Baches ist, desto mehr Bewegung und Veränderung zeigt er. Erst in einem See ohne Gefälle tritt Ruhe ein, und ein See ohne Zu- und Ablauf verliert an Wasserqualität.

Nonsense Economy

Verzeihen Sie mir den „Fluchtversuch" in eine fremde Sprache. Vielleicht ist das auch hier, psychologisch gesehen, der Hintergrund: Was aus erklärlichen Gründen nicht sonderlich sympathisch ist, wird „elegant umschrieben"!

Unter „nonsense economy" sollen hier wirtschaftliche Maßnahmen oder „Scheinordnungen" verstanden werden, die, äußerlich betrachtet, ökonomisch zu sein scheinen, in Wirklichkeit aber nicht sind. Frei nach einem bekannten Musical könnte man dann sagen: „Die Wirtschaft ist, was sie ist, doch was sie ist, das ist sie nur scheinbar".

Zur Erläuterung: Man kann Arbeiten durchführen (lassen), und hinterher den „Status quo" wieder herstellen. Alles, was zu einer „modernen Wirtschaft" gehört, ist dabei vorhanden: Leistung, Finanzierung, Kosten und Lohn, nur: Die Arbeit war eben sinnlos. Aufgrund der aufgezeigten Fakten ist die nonsense economy schwer auszumachen, auch das soll hier als besondere Eigenart ökonomischer Fehler festgehalten werden. Die sogenannte „Scheinbeschäftigung", wie sie aus der früheren DDR bekannt war, gehört hierher.

3. Die Ursachen ökonomischen Unsinns

Dummheit

Ein unsympathisches Wort! Keiner hört es gern, jeder möchte am liebsten mit Dummheit nichts im Sinn haben:

> *Nenn den Burschen liederlich,*
> *leicht wird er's verdauen.*
> *Nenn ihn dumm, so wird er dich,*
> *wenn er kann, verhauen.*
> Wilhelm Busch

Und doch gibt es kaum einen Menschen, der von sich behaupten wollte, niemals eine Dummheit begangen zu haben, sich nicht irgendwann einmal dumm verhalten zu haben.

Dummheit kommt in unterschiedlichen Dimensionen vor. Es gibt kleine Dummheiten, „Versehen", und „Kardinal-Fehler", große Dummheiten. Wir wollen Dummheit nicht überschätzen, aber auch nicht unterschätzen.

Die vielseitigen Aspekte der Dummheit werden umfassend in dem Buch von Horst Geyer „Über die Dummheit" dargestellt. Darin werden Erscheinungsformen der Dummheit über alle Altersstufen des Menschen und über Generationen beschrieben. Ursachen für die Dummheit sind verschieden, sie kann angeboren oder krankhaft bedingt sein, sie kann auf zu geringe beziehungsweise nicht vorhandene Intelligenz zurückzuführen sein, und – das ist sicher auch für anspruchsvolle Ökonomie-Theorie und politisch von Bedeutung – auch auf zu hohe Intelligenz. Aber bevor wir Dummheit bei hohem Pegelstand der Intelligenz weiter untersuchen, sollen einige ihrer Basis-Kriterien vorgeführt werden:

Nehmen wir beispielsweise den Fall, daß jemand einen Fußboden in einem Raum mit einer Türöffnung streicht und bei der Türöffnung beginnt, oder beim Beschneiden eines Baumes die unteren Äste zuerst absägt. In beiden Fällen wird der Rückweg zum Problem.

Ein weites Feld für fehlerhaftes Verhalten, das auf Dummheit zurückzuführen ist, eröffnen uns Fabeln und Märchen: Da gibt es den Wolf mit einem

Stück Fleisch in der Schnauze, der im Wasser sein Spiegelbild erblickt und nach dem „gespiegelten" Fleisch schnappt. Sein „real verfügbarer" Bissen fällt dabei ins Wasser und wird von den Wellen fortgetragen.

Diese Beispiele stehen für fehlende Übersicht und Umsicht; die zeitliche Perspektive wird außer acht gelassen; die Frage fehlt: „Was kommt danach, wie sieht die zweite Phase nach der ersten aus?"

Oder das Märchen vom Fischer und seiner Frau:

Der Fischer wird von seiner Frau immer wieder erneut motiviert, ihre Wünsche zu erfüllen – bis das jeden vernünftigen Rahmen sprengende „Gebäude" in sich zusammenfällt – und man beim „Status quo" wieder angelangt ist. In diesem Fall, wie auch bei der Fabel vom gefräßigen Wolf, wird deutlich, daß beispielsweise kopflose Gier, ebenso auch in vielen Fällen Laster und Leidenschaften sehr leicht Paten für Fehlverhalten, das heißt auch für ökonomischen Unsinn werden können. Und wer in ungeschicktem Verhalten sein Unternehmen oder seine Vermögen „umschichtet", kann schnell im „Hans im Glück" sein Vorbild finden, das er sich vielleicht so nicht vorgestellt hatte.

Wenn man „dem Volk aufs Maul schaut", kann oft der Wegweiser zu den Wurzeln, zum Wesen bestimmter Dinge und Entwicklungen gewiesen werden.

Im Volkstümlichen werden oft Anleihen in der Zoologie gemacht, wenn man auf besonders unintelligentes Verhalten hinweisen will. Da müssen zunächst die Rindviecher beiderlei Geschlechts mit ihrem Namen herhalten. Das wäre im Grunde genommen verständlich. Anders dagegen, wenn beispielsweise vom dummen Esel oder vom dummen Kamel gesprochen wird: In Wirklichkeit sind diese Tiere im Rahmen ihres animalischen Verhaltens gar nicht so dumm, haben nicht nur einen gesunden, sondern sogar hochsensiblen Instinkt – wenn wir beispielsweise den Kameltreibern glauben, denen die Witterung der Tiere bei der Suche nach einer Oase oft schon das Leben gerettet haben soll.

Es hat den Anschein, daß Esel und Kamel nur deshalb als dumm in der Volksmeinung angesehen werden, weil sie sich Lasten aufbürden lassen (müssen), die oft mehr als ihr eigenes Körpergewicht ausmachen. Sollte das Motto: Wer Lasten tragen *kann* (weil er entsprechend anatomisch gebaut ist), der soll sie auch tragen, sich aus derartigen Fakten ableiten lassen? Läßt sich hier eine Parallele zum Prinzip der „Besteuerung nach der Leistungsfähigkeit" ziehen?

Wenn wir uns ethymologisch an den Begriff der Dummheit heranmachen, stellen wir fest, daß die nüchterne hochdeutsche Sprache da nicht sonderlich weiterführt: Dumm, doof, Unsinn usw. sind fast lexikonreife Ausdrücke.

Im süddeutschen beziehungsweise im österreichischen Sprachraum wirkt dagegen schon der Ausdruck „deppert" für „dumm, verrückt" schon etwas informativer: Ein Depp ist eigentlich ein „kleiner, im Wachstum zurückgegliebener Mensch", entsprechend bedeutet „deppert" gedanklich unterentwickelt, im Verhalten unangemessen. Sehr bildhaft ist im übrigen auch der Ausdruck „hirnrissig", über die Grenzen Bayerns hinaus zum Teil durch politische Reden bekannt. Das Wort wird durch den medizinischen Begriff „Schizophrenie" annähernd voll abgedeckt. „Schizophrenie" heißt übersetzt „Bewußtseinsspaltung".

Als ökonomischen Unsinn können wir einige Fälle in diese Kategorie einordnen, in denen Wunschvorstellungen sich mit realen Möglichkeiten nicht mehr decken. In Finanzangelegenheiten, beim Umgang mit Geld, sollen solche Situationen gar nicht so selten vorkommen.

Dem Begriff Dummheit in der Ökonomie, dem „ökonomischen Unsinn", kann man sich auf verschiedenen Wegen nähern. Eine Lösung, „Dummheit" definitiv einzugrenzen, schlägt Geyer vor, wenn er feststellt: „Als Dummheit (geistige Minderbegabung) bezeichnet man die Unfähigkeit zur zweckmäßigen Lösung der Lebens- und Berufsaufgaben. Dummheit ist also im wesentlichen Denkschwäche: die Unfähigkeit, das Wesentliche zu erkennen, Beziehungen werden nicht erfaßt, die Trennung und Verknüpfung (Analyse und Synthese) von Vorstellungen und Begriffen ist unmöglich. – Fehlende geistige Leistungsfähigkeit ist aber nicht nur eine Folge von Denkschwäche und Gedächtnisstörungen, sondern auch von zahlreichen Gefühls- und Willenseigenschaften. Begriffe und Worte, Denken und Sprechen können nicht scharf getrennt werden."

Nun könnte jemand auf die Idee kommen zu behaupten, Dummheit sei Privatsache, sie habe praktisch Existenzberechtigung aus ihrem Selbstverständnis heraus. Dem ist nicht so: Dummheit, dumme Verhaltensweise, ökonomischer Unsinn sind von Gesetzes wegen (de lege) „verboten"! Beispielsweise im § 6 BGB: „Entmündigt werden kann, 1. wer infolge von

... Geistesschwäche seine Angelegenheiten nicht zu besorgen vermag; 2. wer durch Verschwendung sich oder seine Familie der Gefahr des Notstandes aussetzt". Oder in § 138 Abs. II BGB: „Nichtig ist insbesondere ein Rechtsgeschäft, durch das jemand unter Ausbeutung ... des Leichtsinns oder der Unerfahrenheit eines anderen sich ... Vermögensvorteile versprechen ... läßt, welche den Wert der Leistung dermaßen übersteigen, daß ... die Vermögensvorteile in auffälligem Mißverhältnis zur Leistung stehen."

Interessant ist, daß solche quasi „Schutzvorschriften" sich im Zivilrecht finden. § 6 BGB schützt Familienmitglieder untereinander beziehungsweise voreinander. Wer dagegen die Verschwendung öffentlicher Gelder betreibt, Steuergelder leichtfertig ausgibt, kann jedenfalls nach § 6 BGB nicht entmündigt werden. Im Grunde genommen wäre das aber viel nötiger als im Fall des § 6 BGB. Denn bei Verschwendung von Steuergeldern gibt es kein „soziales Netz", das für den Privatmann immer da ist.

Dummheit kann sogar strafbar sein, beispielsweise in dem Fall, daß „jemand infolge geistiger ... Mängel nicht in der Lage ist, das Fahrzeug sicher zu führen" (§ 315 c StGB). Man soll das Thema sicherlich nicht nur unter juristischen Aspekten sehen. Doch wer an manche ökonomische Vorgänge erinnert wird, verspürt manchmal Neigung, sich Strafbestimmungen zu wünschen, die die Verursacher ökonomischen Unsinns stärker in ihre Schranken verweisen.

Aber hier schließt sich auch schon wieder der Kreis: Wir hatten bereits auf die Fahrlässigkeit als Fehlerursache hingewiesen. Auch grobe Fahrlässigkeit kann in enger Beziehung zur Dummheit stehen. Langsam, so scheint es, entdecken wir die ersten Stufen eines „Systems der Dummheit", eine „Systematik des ökonomischen Unsinns".

Klugheit als Kontrapunkt

Wer im Stande ist, die inneren Gesetze eines großen Kunstwerkes nachzuvollziehen, wird oftmals entdecken, daß es die Kontraste sind, die eine gewollte Aussage erst richtig wirksam werden lassen; das gilt für die Musik ebenso wie für Dichtung und bildende Kunst. Ich greife dieses beliebte Hilfsmittel auf und versuche, die Gedanken zur „Dummheit" durch Interpretation der „Klugheit" zu erweitern und zu vertiefen.

Klugheit als Kontrapunkt 37

Es geht dabei weniger um Spitzfindigkeiten oder Feinheiten: Kontrast, Verständnis ist angesagt, und eines der Bücher jüngster Zeit bringt dazu Aufschlußreiches; es ist Bernhard Hauensteins Buch „Klugheit". Voraussetzungen für Klugheit, so sinngemäß, ist zum Beispiel räumliches Vorstellungsvermögen. Phantasie ist angesagt: keine Klugheit ohne Phantasie. Aus ungeordneten Daten entsteht – oft plötzlich – die Problemlösung, das gesuchte Ergebnis, es nimmt quasi „Gestalt an".

Die Psychologen wissen vermutlich besser als alle anderen Leser, was darunter zu verstehen ist, wenn bei der Entwicklung von Bildern, von Leitlinien, die unser Verhalten beeinflussen, auch die Welt des Unbewußten eine Rolle spielt. Vielleicht kläßt sich das so erklären: Aus der Millionen-Vielfalt von optischen und akustischen Eindrücken, die wir im Laufe der Zeit in uns aufnehmen, bildet sich in unserem Gehirn ein Eindruck, ein Engramm, ohne daß uns dieses bewußt wird. Solche Engramme treten in der Regel auch nicht unmittelbar oder in voller Klarheit in ihrer neuen Bedeutung in unser Bewußtsein. Wir finden sie in oft rätselhaften Bildern, beispielsweise in Träumen, in unserem Bewußtsein wieder. Zunächst erscheinen sie uns rätselhaft, unverständlich, und sie weisen kaum eine Beziehung zum akuten Problem auf. Sie bedürfen der Deutung.

Es ist also notwendig, die erwähnten Engramme, die „unbewußten Bilder" ins Bewußtsein zu rücken, uns die Funktionalität unserer Verhaltensweise „klug" zu gestalten, also nicht dem „ökonomischen Unsinn" in die Hände zu fallen. Daß diese „Methodik" in der Regel funktioniert, ist sicher eines der großen Rätsel unserer Existenz. Der Versuch einer Erklärung könnte darin bestehen, daß sich eine Art „Instinkt auf höherer Ebene" beim Menschen gebildet hat, der ihn zu den aufgezeigten Intelligenzleistungen befähigt. Dabei hat der „tierische Instinkt" schon ein beachtliches Niveau, wenn wir an Brutpflege und Wanderungsbewegungen der Tiere denken, die sich fast über den halben Erdball erstrecken.

„Umsicht", so führt Hauenstein aus, ist eine wichtige Voraussetzung für kluges Verhalten. Man muß dabei die Fähigkeit aufweisen, nicht nur Vergangenes in seine Überlegungen einzubeziehen, auch Voraussicht ist erforderlich. Was in der Zukunft passiert, weiß niemand, aber jeder kann „voraussichtlich zu Erwartendes", also die zeitliche Dimension, in seine Überlegungen einbeziehen. Ein Schachspieler beherrscht diese Fähigkeiten „spielerisch".

38 Die Ursachen des ökonomischen Unsinns

Aber auch das räumliche, das realitätsbezogene Denken ist gefragt. Kluges Verhalten setzt voraus, Vorhandenes zu berücksichtigen, „praktisch" zu denken, aber auch „Mögliches" und „nicht Vorhandenes" in die Überlegungen einzubeziehen. Hierher gehören auch die Gedanken, die dem Zusammenwirken zweier oder mehrerer Faktoren Rechnung tragen. Akzelerator- und Multiplikatoreffekte spielen in der Ökonomie eine große Rolle: Wo, wie und wann beispielsweise investiert ein Unternehmer am besten, wo verzinst sich, vermehrt sich, zahlt sich eine Investition am besten aus? Nicht an ein betrügerisches „Schneeballsystem" ist hier gedacht, sondern beispielsweise eher an einen Nachfrageboom, an einen durchschlagenden Markterfolg. Natürlich kann auch eine gezielte sinnvolle öffentliche Investitions- oder Forschungsförderung multiplikativ wirken!

Zum ökonomischen Denken gehört auch „soziale Intelligenz" (Hauenstein), denn wirtschaftliche Verhaltensweise hat in der Regel Auswirkung auf die Mitmenschen. Was ist schon ein Staatsmann, ein Unternehmer, ohne soziale Intelligenz, ohne Menschenkenntnis? Ihr Fehlen kann zum Scheitern anderer Intelligenz-Leistungen führen.

Eigentlich nur am Rande erwähnt wird bei Hauenstein die Funktion des Spieltriebs in der Entdeckung und Entwicklung kluger Verhaltensweise; dabei kommen dem Spiel, zumal es normalerweise intensive Einbindung und andererseits Ausstrahlung auf das soziale Umfeld aufweist, besondere Bedeutung zu. Spielen erfordert meist auch „soziale Intelligenz". Als eine praktisch schon oft realisierte Aktion gegen den „ökonomischen Unsinn" verstehen wir daher die sogenannten Unternehmens-Planspiele. Hier kann trainiert werden, wie kluge Unternehmensführung auszusehen hat, und es bietet sich so eine Möglichkeit, dem „ökonomischen Unsinn" Paroli zu bieten.

Volkswirtschaftliche Planspiele dieser Art haben sich bisher leider noch nicht durchsetzen können, obwohl sie in Anbetracht der potenziert größeren Werte, die da „auf dem Spiel stehen", sicher angebracht wären. Wir kämen zum „Europa-Planspiel" oder zum Welt-Planspiel – eine grandiose Idee!

Einen wichtigen Punkt wollen wir nicht vergessen, wenn kluges Verhalten wirksam werden und im wirtschaftlichen Bereich ökonomische Fehler ausgeschlossen werden sollen: *die Erfahrung*. Sie spielt eigentlich bei jedem Lernprozeß eine bedeutende Rolle. Aus einschlägigen Tierversuchen wissen wir, daß grundlegende Verhaltensweisen vermittelt werden können, in denen Lernprozesse auf der Basis von Erfahrungen eingeleitet werden.

Beim Menschen bildet sich die Erfahrung, die in der Welt der Wirtschaft und der Technik gefragt ist, im Laufe der Zeit. Dabei ist nicht nur die Netto-Erfahrungszeit von Bedeutung, sondern auch die Erfahrungszeit, verteilt über einen längeren Zeitraum, das heißt Erfahrung im Laufe der Geschichte. Die Erfahrung stellt dabei keinen Wert an sich dar, sie erlangt erst große Bedeutung in Verbindung mit sich ständig weiterentwickelndem Gedankengut, also nur in Kombination mit neuem Wissen in neuer Zeit. Andererseits kann eben das sogenannte angelernte Wissen, also Wissen ohne Basis beziehungsweise ohne Erfahrung, leicht Ursache für Entscheidungsfehler werden.

Diese Zusammenhänge sind von großer praktischer Bedeutung: Bestrebungen, Schul- und Ausbildungszeiten, Wehr- und Zivildienst, Praktika und Studienzeiten immer weiter zu verlängern, gleichzeitig aber bei Erreichen der Altersgrenze von 60 Jahren und weniger das Fallbeil der (Früh-) Pensionierung wirksam werden zu lassen, führen schließlich dazu, daß das Erfahrungspotential einer Volkswirtschaft in allen Bereichen dezimiert wird. Die dadurch entstehenden Verluste und Nachteile sind kaum in Zahlen erfaßbar.

Es kann nicht schaden, sich zu erinnern, welche Bedeutung ein Erfahrungsschatz in früheren Zeiten hatte. In früheren Zeiten waren Erfahrungen oft die einzige Grundlage, auf der Entscheidungen getroffen werden konnten. Staats- beziehungsweise Verfassungsformen der „Gerontokratie", der „Herrschaft der Alten", bauen auf diesen Überlegungen auf. Auch im Deutschen Bundestag gibt es heute noch einen „Ältestenrat".

Um einmal aufzuzeigen, was Erfahrungswissen interessanterweise ausmachen kann, möchte ich einen sehr alten und weisen Herrn bemühen, nämlich König Salomo (965–926 v. Chr), der in der Überlieferung des Orients als das Idealbild eines weisen und mächtigen Herrschers galt.

Es lohnt sich, die biblischen „Sprüche Salomos" einmal nachzulesen. Einige Kostproben mögen das dokumentieren:

10. 5 Wer im Sommer sammelt, der ist klug; wer aber in der Ernte schläft, wird zu Schanden.

12.11 Wer seinen Acker baut, der wird Brot in Fülle haben; wer aber unnötigen Sachen nachgeht, der ist ein Narr.

17.12 Es ist besser, einem Bären begegnen, dem die Jungen geraubt sind, denn einem Narren in seiner Narrheit.

24. 4 Durch ordentliches Haushalten werden die Kammern voll aller köstlichen, lieblichen Reichtümer.
28. 8 Wer sein Gut mehret mit Wucher und Zins, der sammelt es für den, der sich der Armen erbarmt.
28.16 Wenn ein Fürst ohne Verstand ist, so geschieht viel Unrecht.

Das alles ist aber nur ein Extrakt aus den ökonomischen Verhaltensregeln. Man ist geneigt anzunehmen, daß dieser König eigentlich wohl ein Aspirant mindestens für ein Wirtschaftsdiplom h. c. gewesen wäre.

Wofür brauchen wir aber noch Erfahrung und Klugheit, wenn wir auf *künstliche Intelligenz* (Artifical Intelligence, AI) zurückgreifen können? Diese Frage könnte sich bei oberflächlicher Betrachtung aufdrängen. Nun ist, wie der Name sagt, künstliche Intelligenz „künstlich gemachte" Intelligenz, wie auch immer verstanden und gestaltet: Es ist Intelligenz „aus zweiter Hand", in jedem Fall muß auf Hilfsmittel zurückgegriffen werden, die die Informationstechnologien liefern: Computer Hard- und Software. Da gibt es wieder eine Reihe Aktionsfelder für AI: Bildverarbeitung, das weite Gebiet der Deduktion in Mathematik und Naturwissenschaften, Planungstechniken, Wissensbasierte Systeme (Expertensysteme). In jedem Fall muß „vorgedacht" sein, das Programm muß einmal eingegeben worden sein. Auch dann, wenn es sich selbst korrigieren können soll, muß dies vorher programmiert werden. Diese Entscheidungen sind durch menschliche Intelligenz primär zu treffen, sie ist letztlich auch für AI unverzichtbar.

Wir begeben uns nun auf ein Gebiet, das oft mit dem Wort „Dummheit" in einem Atemzug genannt wird:

Unwissenheit

Jeder voll geschäftsfähige Bürger geht fast täglich mit Geld um und nimmt in irgendeiner Weise am Wirtschaftsleben teil. Aus dieser Tatsache allein ergibt sich schon das Gefühl, in Sachen Wirtschaft kompetent zu sein, mitreden zu können, vollverantwortlich entscheiden zu können. Dieses Gefühl ist berechtigt, wenn zugleich das notwendige Wissen dahintersteht, das Wissen um die wichtigsten ökonomischen „Gesetze", mehr noch um die damit verbundenen Wechselwirkungen. Außerdem ist die Kenntnis der aktuellen ökonomischen Daten erforderlich. Ist dieses Wissen nicht oder nur gering vorhanden, dann sind ökonomische Fehler schnell die Folge. Nun ist der Schluß naheliegend, in unserem Zeitalter der Informations- und Kommunikationstechnologie funktioniere nichts so exzellent wie eben diese Information insbesondere über aktuelle Daten. Grundsätzlich ist diese Folgerung berechtigt. Sie trägt aber drei tatsächlichen Gegebenheiten wenig Rechnung:

1. Die Datenverarbeitung durch EDV geschieht in der Regel in einem Umfang und einer Geschwindigkeit, die die Leseleistung eines einzelnen weit übertrifft. „Überinformation" hat letztlich den gleichen Stellenwert wie „Fehlinformation". Sie erinnert an das Festmahl, bei dem den Gästen die Bissen wegen Übersättigung im Halse stecken bleiben. Der Hinweis auf den ökonomischen Unsinn ist da schon beinahe überflüssig.
2. Wie im vorstehenden Kapitel erwähnt, ist die Vollständigkeit und Richtigkeit der Datenausgabe in jedem Fall vom Programm abhängig. Ein lückenhaftes Programm beispielsweise bedingt nachfolgende Informationsdefizite.
3. Die größte Schwierigkeit im modernen Informationswesen ist allerdings, zu bewirken, daß die richtige Information auch an den richtigen Adressaten gelangt. Das Phänomen der Informationsunterdrückung oder auch -fälschung ist schließlich so alt wie die Menschheitsgeschichte selbst. Das politische Problem der „Pressefreiheit" gibt es betriebs- bzw. unternehmenspolitisch in modifizierter Form gleichermaßen.

Zum Wissen gehört natürlich auch das Verstehen. Es genügt nicht, von Zahlen in Zehner-Potenzen zu sprechen, man muß auch eine Vorstellung davon haben, welche Bedeutung ihnen in Wirklichkeit anhaftet. Dies trifft ebenfalls auf sprachliche Begriffe zu. Auf diesen Gebieten bestehen zum Teil erhebliche Defizite.

Sprachliche und gedankliche Verwirrung

Wem jemals die „Gnade" zuteil wurde, daß er im Transitverkehr das ehemalige Staatsgebiet der DDR durchfahren oder mit Reisepaß sogar „life" betreten durfte, dem werden die Plakate unvergeßlich sein, auf denen zu lesen stand, daß der Neuankömmling nunmehr – sinngemäß – „die friedliebende DDR", einen „Staat des Friedens" betrat. Weitgehend, wenn auch noch nicht restlos und endgültig, ist heute im nachhinein geklärt, daß es mit dieser Friedensliebe nach außen wie nach innen, „nicht gar so echt und ernsthaft gemeint" war, wie es dort auf den Plakaten abzulesen war.

Dies ist ein Fall, der für viele steht, ein Fall der totalen Begriffsverwirrung. Wissenschaftlich ausgedrückt haben wir es hier mit Dialektik zu tun, ein Begriff, der als die „Kunst der Unterredung" in seinen Wurzeln bis auf die Antike zurückreicht.

Ausgehend von der Hegelschen Dialektik (1770 bis 1831) wurde der sogenannte dialektische Materialismus zum Inhalt der sowjetrussischen Staatsphilosophie und zugleich ideologische Grundlage der sowjetischen Wissenschaft. Auf dieser Basis ist es schwierig, die Sinnverdrehung – in diesem Fall des Wortes „Frieden" – zu erklären und zu verstehen. Wir kommen der Lösung näher, wenn wir uns Begriffe als außerhalb des Bewußtseins existierende Realität vorstellen, jeweils von unserem Denken unabhängig und unbeeinflußt.

Nun haben wir es in der Bundesrepublik gewiß nicht mit Problemen des dialektischen Materialismus zu tun. Gleichwohl erinnert die Art und Weise, in der verschiedene Begriffe oft verallgemeinernd gebraucht werden, an Sinn- und Bedeutungsverschiebungen, die sicher politisch manchmal sehr wirkungsvoll eingesetzt werden können, an Eindeutigkeit und Klarheit allerdings oft zu wünschen übriglassen. Es gibt eine ganze Reihe dieser Begriffe, so beispielsweise die Wörter „sozial", „gemeinnützig", das in letzter Zeit etwas außer Mode gekommene Wort „Profit" oder der Subventionsbegriff. Alles das sind Ausdrücke, die letzten Endes ein gewisses Unbehagen zurücklassen, weil sie zum Teil bedeutungsmäßig überfrachtet sind, letztlich nicht scharf abgegrenzte Inhalte bezeichnen und trotzdem oder gerade deshalb keinen echten Freiraum für Diskussion lassen.

Betrachten wir die Worte „sozial" und „gemeinnützig": Betont werden soll durch diese Begriffe das im Gegensatz zum unsozialen Verhalten menschlich-gemeinnützige Handeln. Aber was ist darunter zu verstehen? Ein privatwirtschaftlich arbeitender Taxiunternehmer, der auch alte und kranke Menschen entgeltlich transportiert, handelt sicher nicht unsozial. Handelt er sozialer, wenn er zu Lasten seiner Familie kein Entgelt nimmt? Oder ist das dann ökonomischer Unsinn?

Sprachliche und gedankliche Verwirrung 43

Politisch haftet diesen Worten das Image eines „Killerbegriffes" an. Denn in einer Diskussion vermag kaum jemand sich diesen Inhalten entgegenzustellen. Wer würde schon in seiner inneren Einstellung zugeben, nicht „sozial zu denken" oder handeln zu wollen? Wer könnte schon zugeben, daß ihm Gemeinnützigkeit nichts bedeutet? Nur, was die Begriffe eben im konkreten Fall, in einer bestimmten Absicht bedeuten sollen, das bringen sie nicht zum Ausdruck.

Zahlungen an eine „gemeinnützige" Gesellschaft bereichern erst mal diese Gesellschaft, und ihre Funktionäre sind gegebenenfalls ihre Zielgruppe, nicht aber die Allgemeinheit, wie aus dem Wort „gemeinnützig" zu schließen wäre. Überflüssig ist zu betonen, daß damit zugleich Mißverständnissen, ja, Mißbrauch, Tür und Tor geöffnet sind.

Oder nehmen wir das Wort „Arbeitsplatz", es ist in der sozial- und arbeitsmarktpolitischen Diskussion nicht mehr wegzudenken. Alle reden von Arbeitsplätzen, aber keiner weiß, wovon er denn nun wirklich redet, denn es gibt allein von den Arten der Arbeitsplätze eine beträchtliche Anzahl:

1. *Potentielle Arbeitsplätze:*
   Das sollen erst noch Arbeitsplätze werden.
2. *Geschaffene, aber nicht besetzte Arbeitsplätze:*
   Das sind gleichsam „die toten Seelen", „Arbeitsplätze", die nur statistisch fortgeschrieben werden.
3. *Besetzte Arbeitsplätze:*
   außer im Urlaubs- und Krankheitsfall wird hier in der Regel gearbeitet.
4. *„Besetzte", aber offiziell nicht vorhandene Arbeitsplätze:*
   Das sind die „Schwarzarbeitsplätze"; in der Regel sind das ungemein produktive Arbeitsplätze.
5. *Produktive Arbeitsplätze:*
   Hier werden Güter und Dienstleistungen erstellt bzw. erbracht, die mittelbar oder unmittelbar zur Befriedigung echter Marktnachfrage, echter Bedürfnisse dienen.
6. *Bezahlte- und unbezahlte Arbeitsplätze.*
7. *Unproduktive Arbeitsplätze:*
   Arbeitsplätze, auf die eine Volkswirtschaft sehr gut verzichten kann.
8. *Kontraproduktive Arbeitsplätze:*
   Das sind Arbeitsplätze, die nur den (Wider-) Sinn haben, produktiv Geleistetes abzuwerten, wertlos zu machen, Unproduktivität zu propa-

gieren und Mitmenschen ihre Lebensgestaltung zunichte zu machen oder ihnen die Lebensführung zu erschweren. Dazu gehören beispielsweise in einem autoritären Staatsgebilde alle Akteure überzogener Kontrollmaßnahme.

Wenn wir der Vollständigkeit halber noch eine weitere Kategorie an Arbeitsplätzen erwähnen wollten, so dürfte auch der Hinweis auf humane Arbeitsplätze und menschenunwürdige Arbeitsplätze nicht fehlen.

Diese Unterscheidungen sind keineswegs an den Haaren herbeigezogen, sondern notwendig. Die verschieden Arten von Arbeitsplätzen machen einmal mehr deutlich, daß sprachliche Genauigkeit eben sehr der Sache dient:

Wenn beispielsweise von Staats wegen die Schaffung von Arbeitsplätzen gefördert werden soll, so geschieht das in erster Linie in der Absicht, Arbeitslose aus der Sozialunterstützung herauszunehmen und sie über die Arbeitsplatzbeschaffung von anderen Kassen (beispielsweise der Unternehmen) bezahlen zu lassen. Die Produktivität des Arbeitsplatzes ist dabei von zweitrangiger Bedeutung. Für einen Unternehmer dagegen hat die Produktivität im allgemeinen höchste Priorität.

Solche sprachliche Ungenauigkeit kann „dialektische Dimensionen" erreichen. Damit sind Mißverständnissen Tür und Tor geöffnet, Fehler, Fehlschlüsse und schließlich ökonomischer Unsinn sind die Folge. Mediziner und Botaniker retten sich vor der Begriffsvielfalt durch Latinisierung der Fachausdrücke. Vielleicht nicht für alle Begriffe der Ökonomie, wenigstens aber für die wichtigsten sollte sie ernsthaft erwogen werden.

Subventionen

War gerade noch die Rede von einer partiellen Latinisierung, die möglicherweise die Verständigung mit Begriffen höchst differenzierter Bedeutung in der Ökonomie erleichtern könnte, so erleben wir bei einem anderen Begriff, nämlich dem der „Subvention" eher das Gegenteil: Der, wie wir noch sehen werden, höchst diffizile Begriff der Subventionen wird in die Nähe des profanen gerückt: Subventionen werden ein Gebilde für Rasenmäher, sind vergleichsweise wie Gras und Stroh, wenn es darum gehen soll, sie zu kürzen.

Phasenweise schreibt die Presse fast täglich über Subventionen. Nach der „öffentlichen Meinung" zu urteilen, dürfte es Subventionen eigentlich gar nicht geben. Öffentliche Verbreitung finden in der Regel nur Plädoyers gegen Subventionen. Das Fatale an der Sache ist zunächst, daß kaum jemand weiß, wovon er eigentlich spricht. Was sind denn eigentlich „Subventionen"? Sind es nur Zahlungen oder auch „Vergünstigungen", Erstattungen, niedrige Steuern oder gar die Einsparung von hohen Steuern? Denn: Wer bei seinem Einkommen Kosten/Aufwendungen von den Einnahmen/Ertrag absetzen kann, spart ja insoweit 50 bis 60 Prozent Steuern.

Wachstum

Der Wunsch nach wirtschaftlichem Wachstum ist prima facie, wie die Juristen sagen, auf den ersten Blick, bestechend. Wer das Bruttosozialprodukt der Industrieländer beispielsweise mit dem der Entwicklungsländer vergleicht, findet bestätigt, daß wirtschaftliches Wachstum auch zu höherem Realeinkommen, zu höherem Lebensstandard in Verbindung mit besserer technischer Ausstattung, ja auch zu mehr Freizeit führt. Ob und an welcher Stelle des „Wachstums" es einen Kulminationspunkt geben kann, geben muß, das soll hier zunächst nicht interessieren. Das ist ein Fall für die Wirtschaftsprognostik.

Was uns hier als Problem beschäftigt, ist im Grunde genommen erstmal wieder eine Definitionsfrage. Gemessen wird das wirtschaftliche Wachstum an der Steigerung des Bruttosozialproduktes, das sich aus der Summe aller Güter und Dienstleistungen ergibt. Dabei besteht ein großer Unterschied, ob Dienstleistungen oder langlebige Konsumgüter produziert werden. Dazu sagt die Statistik nichts. Was außerdem nicht zum Ausdruck kommt, sind produktive unentgeltliche Dienstleistungen, Schwarzarbeit, unproduktive Arbeiten, am Markt vorbei produzierte Güter, Umweltbelastungen. Wer seinem Gatten zuhause den Kaffee zum Frühstück einschenkt, vermehrt statistisch nicht das Bruttosozialprodukt. Anders liegt der Fall, wenn dies im Rahmen eines Dienstverhältnisses im Hotel geschieht.

Darüber hinaus werden Erfolgsaspekte über die Wachstumszahlen dargestellt und verkündet, die einer kritischen Betrachtung nicht unbedingt standhalten. Die Leistungen der Pharmazie und Medizin, der Bau von Krankenhäusern oder Gefängnissen, können – absolut gesehen – beachtlich

46 Die Ursachen des ökonomischen Unsinns

sein, sie mögen sicher auch volkswirtschaftlich sinnvoll, ja, notwendig sein. Aber sie geben gleichzeitig auch eine deutliche Aussage über den Krankenstand, manchmal auch über die „Opfer" des wirtschaftlichen Wachstums, die kaum in einer Statistik nachzulesen sind.

Richtig ist, daß es Extra-Statistiken gibt, in denen im medizinischen Bereich Hinweise auf die Volksgesundheit gegeben werden. Auch die Zahl der Verkehrstoten wird gesondert ermittelt. Aber der Hinweis auf wirtschaftliches Wachstum, auf ein gestiegenes Bruttosozialprodukt, darf nicht dazu führen, daß negative Faktoren in einer quasi euphorischen Betrachtung untergehen.

Statistische Aussagen und Zahlenvergleiche

Die Statistik ist eine Methode der Information und Berichterstattung. Man muß ihr sicher mit einem besonderen Verständnis begegnen, damit die Behauptung von der „statistischen Lüge" nicht gilt bzw. der Satz: Die beste Statistik ist die, die man für sich selbst gemacht hat.

Statistiken können sehr leicht durch das Weglassen wesentlicher Daten, durch die Wahl falscher Bezugsgrößen und prozentualer Vergleiche verfälscht werden. Eine dieser statistischen Maßstäbe, die leidenschaftlich gern mißbraucht werden, sind Prozentzahlen: Ein kontinuierliches wirtschaftliches Wachstum von 2 Prozent heute mag in absoluten Zahlen dem doppelten Ausmaß des Bruttosozialproduktes vor 30 Jahren entsprochen haben. Wenn es kontinuierlich mit 2 Prozent angegeben wird, erweckt das jedenfalls den Anschein von bescheidener Gleichmäßigkeit und wachstumspolitischer Selbstverständlichkeit.

Prozentuale lineare Lohn- und Gehaltserhöhungen vergrößern die absoluten Unterschiede zwischen den Gehaltsstufen:

		Differenz		
Gehalt A:	2 000,– DM	18 000,–	Gehalt B:	20 000,– DM
+ 10 %	200,– DM			2 000,– DM
	2 200,– DM	19 800,–		22 000,– DM

Sprachliche und gedankliche Verwirrung 47

Wer Wirtschaftsberichte mit statistischen Zahlenangaben verfolgt, muß erschüttert sein, mit welcher Einfältigkeit da berichtet wird, daß die Auftragseingänge, Bestände, Umsätze, Ex- und Importe beispielsweise um einen bestimmten DM-Betrag gestiegen sind. Da fehlt in vielen Fällen jede Bezugsgröße, jeder Überblick über einen Zeitraum, manchmal jedwede Vergleichszahl. Zum statistischen Unsinn, eine „Verästelung" des ökonomischen Unsinns, gehören unter bestimmten Voraussetzungen auch die monatlich veröffentlichten Zahlen zur Lage am Arbeitsmarkt.

Nun ist bekanntlich ein Charakteristikum unserer Presse, daß in der überwiegenden Zahl der Fälle Negatives berichtet wird. Milliarden Menschen sind normal, leben friedlich und glücklich, und es ist selbstverständlich, daß das in der Presse nicht sonderlich erwähnt wird. Aber wenn jemand seine Schwiegermutter erschlägt, steht das am nächsten Tag in der Zeitung. Ähnlich verhält es sich mit den Berichten über die Lage am Arbeitsmarkt:

Als wichtigstes wird die Zahl der Arbeitslosen und Kurzarbeiter herausgestellt. Das ist sicher von volkswirtschaftlicher Bedeutung, denn Arbeitslosigkeit ist ein nur schwer lösbares Problem. Aber gerade deswegen muß man die Dinge im richtigen Zusammenhang sehen. Eben unter der Voraussetzung, daß die Zuwanderungsbilanz der Bevölkerung positiv ist, Gastarbeiter, Aussiedler und Asylanten zunehmen, wäre es eigentlich seltsam, wenn nicht auch die Zahl der Arbeitslosen steigen würde. Das läßt die Problematik aber in einem ganz anderen Licht erscheinen. Das Problem hat damit seine Ursachen auch in der Wanderungsbewegung, in der Wiedervereinigung und nicht nur im ökonomischen, wirtschaftspolitischen Maßnahmenkodex. Folge einer solchen Verwechslung von Entstehungsursachen sind zwangsläufig Fehler bei den daraus abgeleiteten Maßnahmen, im Endeffekt eben ökonomischer Unsinn.

Nicht nur Wissen und Verstehen sind beim wirtschaftlichen Denken gefragt. Wer bei gewichtigen Fragen mitreden will, braucht auch Vorstellungsvermögen. Gemeint sind hier gewisse 10er-Potenzen in DM ausgedrückt, mit denen man glaubt, seinen Mitmenschen zu imponieren. Gemeint ist das „Milliarden-Roulette", mit dem in der Regel neue Besteuerungslawinen losgetreten werden sollen. Vor allem der deutsche „Wiedervereinigungsprozeß" war da ein gegebener Anlaß, sich in Milliardenforderungen förmlich zu überbieten. Die folgende Karikatur drückt diese „Schieflage" der Zahlenvorstellungen treffend aus.

48 Die Ursachen des ökonomischen Unsinns

Quelle: Handelsblatt

„Mama, heute haben wir das kleine Einmaleins gelernt – das gesamtdeutsche!"

Da wir von diesen „aufgeblähten" Zahlen reden, berühren wir zugleich das Thema „Inflation". Das lateinische Wort „inflatio" heißt eigentlich „Aufblähung". Was die „Geldinflation" betrifft, so verstehen wir darunter die übermäßige Geldmengenvermehrung im Verhältnis zur Gütermenge.

In Zeiten geringen Wachstums, geringer Wirtschaftsdynamik sind die Auswirkungen einer einseitigen Vermehrung der Geldmenge relativ klar zu erkennen. Alle Güterpreise steigen. In einer High-Tech-Ökonomie mit wachsendem Anteil automatischer Produktion ist das zwangsläufig anders: Über die Automatenfertigung wird es möglich, das Güterangebot einer Geldmengenvermehrung – sofern sie denn keine „galoppierende Inflation" wie Anfang der zwanziger Jahre darstellt – in hohem Maße bei preisstabilisierender Wirkung (immer unter sonst gleichen Voraussetzungen) anzupassen.

Anders verhalten sich die Preise bei nicht vermehrbaren Gütern: Hohes wirtschaftliches Wachstum führt in diesem Sinne immer zu inflationären Preisbewegungen bei nicht vermehrbaren Gütern (Kunstwerke, Grund und Boden), selbst wenn die Preise der reproduzierbaren Güter „stabil" bleiben.

Die „Preisstabilität" der Lebenshaltungskosten ist in diesem Sinne nur eine künstliche beziehungsweise amputierte Stabilität, und wenn mit dem „Inflationsbegriff" gearbeitet wird, bedarf das zusätzlicher Erklärungen.

Präferenzen

Wer Nationalökonomie studiert, findet bei der Beurteilung der verschiedenen Marktformen den Hinweis, daß sie stets dann systemkonform funktionieren, wenn die Marktteilnehmer frei von Präferenzen handeln, also zum Beispiel nicht zu einem hohen Preis kaufen, weil sie eine persönliche Beziehung zu dem Verkäufer haben usw. In den Lehrbüchern wird auf diese Präferenzen hingewiesen, in Wirklichkeit sind sie im Wirtschaftsleben stärker vertreten, als einem Verfechter rationaler ökonomischer Verhaltensweise recht sein kann. Mit dem weiten Feld der Präferenzen betreten wir zugleich Bereiche der Soziologie, Psychologie und Verhaltensforschung.

Präferenzen können rational begründet sein, sie können andererseits auch völlig unerklärlich, irrational auftreten. Aus einer Laune heraus kauft jemand zum Beispiel auf dem Jahrmarkt ein Souvenir, das eigentlich gar keine Bedeutung für ihn hat. Rational erklärliche Präferenzen liegen dagegen schon vor, wenn jemand bei „seinem" Kaufmann kauft oder einen Anzug bei „seinem" Schneider anfertigen läßt. Die Erfahrung, dort in der Regel gut bedient zu werden, honoriert man indirekt mit eventuell höheren Zahlungen im Vergleich zum Konkurrenzangebot. Potentielle Reklamationskosten werden insgeheim „unbewußt" mit diesen höheren Preisen verglichen. Die jeweilige Erwartungshaltung spielt also beim Zustandekommen von Präferenzen eine große Rolle.

Schließlich gibt es „Zwangspräferenzen". Jemand kann unter einem direkten oder indirekten Zwang stehen, unter Umständen auf Anweisung von Dritten, ökonomisch bestimmte Handlungen durchführen zu müssen. Diese „Zwangspräferenzen" sind es, ebenso wie die rational nicht begründbaren Präferenzen, die Ursache sein können für das, was im Nachhinein als ökonomischer Unsinn auszumachen ist. Schwierig bleibt in der Regel die Erkennbarkeit und Meßbarkeit von Präferenzen.

Macht

Das Streben nach Macht, der „Wille zur Macht", wie es bei Nietzsche heißt, wird in der Philosophie als ein „Spiritus rector" des Weltgeschehens angesehen. Ohne Macht läuft beinahe gar nichts. In der Entwicklung unserer natürlichen Umwelt, in der Natur, in allen soziologischen Gebilden bei Pflanzen, Tieren und beim Menschen sind deutliche Signale des Machtstrebens auszumachen. Formen und jeweilige Intensität der Macht können in höchstem Maße unterschiedlich sein, fast unscheinbar oder eben deutlich und dominierend.

Eine eigentliche „Definition der Macht" finden wir bei Nietzsche nicht, er beschreibt Macht und ihr Umfeld als Philosoph. Seine kürzeste Formel heißt: „Alles Geschehen aus Absichten ist reduzierbar auf die Absicht der Mehrung von Macht". Das philosophische Lexikon definiert Macht als „die leiblich-seelisch-geistig formende und durchdringende Kraft jeder Art, die anderen das Gesetz ihres Willens auferlegt". Mit anderen Worten könnte man sagen: Ausübung von Macht zielt darauf ab, anderen Personen einen Handlungsspielraum einzuräumen. Die hohe ethische Verantwortung, die an den Machtbesitz gekoppelt ist, wird in der Regel immer wieder betont. Das, was somit eigentlich selbstverständlich sein sollte, geht in der Praxis oft ganz andere Wege.

Macht und Einflußnahme bestimmen auch weitgehend ökonomisches Geschehen. Auch in den soziologischen Gebilden des Wirtschaftslebens können Machtmißbrauch und überzogene Machtausübung schnell zu Zusammenbrüchen führen. Beispiele hierfür bieten die Ursachen für Firmenzusammenbrüche und Kursstürze an den Weltbörsen.

Sicher sind auch auf der ökonomischen Seite Überlegungen in Richtung Ethik ungemein wichtig. Ethisch verantwortliches Handeln ist definierbar, möglich und machbar. Aber wenn man sich darüber hinwegsetzt, wenn Macht in eben der nicht erwünschten Form, im nicht ertragbaren Ausmaß wirksam zu werden droht – was dann? Da gibt es beispielsweise politische Bestrebungen, die fordern, wirtschaftliche Macht gar nicht entstehen zu lassen, sie aufzuheben durch Gegenmacht und so weiter. In diesem Zusammenhang sei an die Aufgaben des Bundeskartellamtes erinnert. In bestimmten Fällen kann das Verbot von Absprachen, von Zusammenschlüssen, eine Lösung des Mißbrauchsproblems sein. Damit ist allerdings erst ein kleiner Ausschnitt des Problemspektrums angesprochen. Andererseits können auch gerade solche Instanzen Fehlentscheidungen treffen, wie manche umstrittene Amtshandlung des Kartellamtes oder einige Stellen des Wettbewerbsrechts zeigen.

Im Wirtschaftsleben können sich Machtstrukturen in allen Bereichen bilden, nicht nur auf der Seite der gewerblichen Unternehmungen. Partner im Geschäftsverkehr sind auch *Behörden, soziale und kommunale Institutionen.* Hier hat schon das Kartellamt sein Recht verloren. Deswegen ist es sinnvoll zu fragen, ob nicht interne und/oder externe Kontrollen, Kontrollorgane eine geeignete Möglichkeit darstellen, den Mißbrauch von Macht zu verhindern. Auch im politischen Leben hat sich in einem über Jahrhunderte dauernden Entwicklungsprozeß die moderne parlamentarische „Kontrolle" herausgebildet. Ob es da wohl noch in weiten Bereichen des Wirtschaftslebens echte Defizite gibt? Man stelle sich das vor: Eine Bürokratie, eine Büro-Herrschaft, deren Macht-Exzesse einer Kontrolle unterliegen!

Die Politisierung der Wirtschaftspolitik

In einer parlamentarischen Demokratie passieren in der Regel alle Gesetze das Parlament, werden von den dort vertretenen politischen Gruppen erörtert, diskutiert und unterliegen damit auch dem Einfluß der politischen Willensbildung. Das gilt natürlich ganz besonders auch für wirtschaftliche und wirtschaftspolitische Beschlüsse und Gesetze. Interessenkollisionen können sich hier im Grunde genommen aus zwei Richtungen ergeben:

1. Zwischen ökonomischen Erfordernissen kann eine Divergenz bestehen. Erinnert sei hier an die Zunahme von Erwerbseinkommen, wirtschaftliches Wachstum und sozialpolitischen Zielvorstellungen, Erhöhung von Sozialleistungen, Einkommensumverteilung.

Nun ist es keine sonderliche Leistung, wenn man Geld, das einem zur Verfügung steht, verteilt. Das kann schließlich jeder Familienvater auch. Politisch eindrucksvoller war seit Menschengedenken schon immer die Leistung, Mittel verteilen zu können, die bis dato noch gar nicht vorhanden waren. Das war und ist dann die Stunde der „Finanzexperten", der „Finanzierungskünstler". Auf diese Weise kann schnell zu politischem Ruhm kommen, wer die höchsten Defizite verwaltet. Die Grenzen zum ökonomischen Unsinn sind da fließend, aber im Extremfall, wo unverantwortlich Verschuldung betrieben wird, darf man diesen sicher unterstellen. Der gewonnene politische Ruhm bröselt dann mit „Time-lag" später wieder ab, in Perioden, in denen die negativen Folgen früherer politischer Entscheidungen erst spürbar werden. Diejenigen, die unverantwortlich gehandelt hatten, sind dann längst nicht mehr im Amt. Cäsar läßt grüßen!

2. Politiker haben in der Regel das Interesse, nach Ablauf einer Legislaturperiode wiedergewählt zu werden. Aus diesem Bestreben kann eine deutliche Divergenz zwischen politischen Zielen und ökonomischer Notwendigkeit resultieren. Nur eine größtmögliche Annäherung der gesellschaftspolitischen Zielsetzung an das ökonomisch Machbare verhindert Fehlentwicklungen. Anders ausgedrückt gelingen wirtschaftspolitische Problemlösungen am besten auf dem Wege einer „Versachlichung der Politik" – eine Forderung, die in ihrem absoluten Inhalt sicher nicht, vielleicht nie erreichbar, dennoch aber weg- und richtungsweisend sein wird.

Stillschweigend haben wir bisher unterstellt, daß staatliche Willensbildung von einem gut funktionierenden, die Bevölkerung repräsentierenden Parlament ausgeht. Das sollte so sein, und schon in diesem Fall können Probleme der aufgezeigten Art auftreten. In Wirklichkeit kann sich aber auch das Parlament so zusammensetzen, daß es eben in Struktur und Persönlichkeiten nur sehr unvollständig Spiegelbild der Interessenkonstellation der Bevölkerung ist. Darüber hinaus könnte man sich vorstellen, daß eine parlamentarische Konsensbildung über eigene oder selektierte fremde Interessen stattfindet: Ein Parlament wird im mißverständlichen Sinne autonom.

Das Prinzip Verantwortung

„Wer die Freiheit hat, trägt auch die Verantwortung" hatten wir bereits festgestellt. Das bedeutet, daß derjenige, der Entscheidungen zu treffen hat, der die Macht hat, Handlungen selber durchzuführen oder zu veranlassen, diese auch zu verantworten hat.

Sehr treffend ist dieses Erfordernis im Aktiengesetz geregelt, wo es im § 70 heißt, „der Vorstand hat unter eigener Verantwortung die Gesellschaft zu leiten ...". Damit ist ein grundlegendes Organisationsprinzip angesprochen. Eine Organisation, in der dieses Prinzip der „Deckungsgleichheit" von Handlungsberechtigung und Verantwortung durchbrochen wird, ist auf Dauer nicht funktionsfähig.

Eine andere Frage ist die des Verantwortungsbewußtseins. Hier soll es gelegentlich nur lückenhafte Vorstellungen geben. Das führt dann häufig dazu, daß Maßnahmen ergriffen werden, für die sich zwar eine Reihe von Leuten kompetent fühlen, für die aber im nachhinein keiner mehr verantwortlich zu sein glaubt, vor allem bei einem Mißerfolg. Der Erfolg hat immer viele Väter, der Mißerfolg keinen.

In einer ironisierenden Phasenbeschreibung des Projektmanagements wird treffend gezeigt, wohin es führt, wenn Handlungskompetenz und Verantwortung auseinanderdriften:

1. Phase der Euphorie
2. Phase der Ernüchterung
3. Phase der Verwirrung und Ratlosigkeit
4. Phase der Suche nach den Schuldigen
5. Phase der Bestrafung der Unschuldigen
6. Phase der Auszeichnung der Nichtbeteiligten

Wie so oft bei erheiternden Darstellungen steckt in ihnen ein Kern mit ganz ernst zu nehmendem Hintergrund.

Aktionen ohne Verantwortung und verantwortungsloses Handeln sind Basis und Ursache für ökonomischen Unsinn.

Gesetzwidrigkeit, Rechtswidrigkeit, Kriminalität

Das wäre eigentlich der Idealfall: Gesetze, die den Bürgern eine weitgehende Handlungsfreiheit innerhalb eines gezogenen Rahmens belassen, die für alle und von allen gleichermaßen angewendet werden, die auch vom Staat eingehalten und respektiert werden. Sich außerhalb von Gesetz und Recht zu stellen, erscheint bei soviel Freiheit nahezu überflüssig. Daß ein solcher Idealfall sozusagen ins Reich der Illusion gehört, beweist die Mensch-

54 Die Ursachen des ökonomischen Unsinns

heitsgeschichte, beweisen Revolutionen und Prozesse bis in unsere Tage. Sogar um die sogenannten Menschenrechte wird noch heute, nach soviel Aufklärung in vielen Ländern, gerungen.

Es befremdet immer wieder, wie gesetzliche Vorschriften bei gleichen Sachverhalten unterschiedlich angewandt, Gesetze, insbesondere Steuergesetze, im Zweifel zugunsten des Fiskus interpretiert oder geändert werden. Wenn schon die Verfassungsmäßigkeit von Recht und Gesetz oberstes Gebot und das Bundesverfassungsgericht höchste und letzte Instanz ist, kann es nur verwundern, wenn seinen Entscheidungen – wenn überhaupt – erst nach Jahren entsprochen wird (zum Beispiel Kinderfreibeträge, Besteuerung des Existenzminimums).

Recht und Ordnung *Quelle: Handelsblatt*

Übergreifend über alle gesetzlichen Regelungen, die letztlich doch auch immer nur Menschenwerk sind, gibt es Rechtsinstitute, die quasi eine Naturrechtsbasis haben, die seit Menschengedenken bestehen, und selbst nach vorübergehender Abschaffung immer wieder neu in alter Form installiert werden. Selbst im Tierreich gibt es eine solche ungeschriebene „Rechtsordnung", die nur durch Gewalt aufgelöst werden kann.

Dazu gehört zum Beispiel das Recht auf Eigentum und auf körperliche Unversehrtheit. Was geschieht, wenn ein Gesetzgeber versucht, beispielsweise die Eigentumsordnung außer Kraft zu setzen, ist am Schicksal der früheren „Ostblockländer" in erschütternder Weise abzulesen. Der schwerste Verstoß gegen das Eigentumsrecht besteht in der direkten Enteignung; die Konfiszierung von beweglichem und unbeweglichem Eigentum ist eine der schlimmsten Entrechtungen im sozialen Leben. Als nächste Stufe hat man sich dann die Enteignung auf „Kaltem Wege" ausgedacht, diskriminierende Preisstop-Verordnungen gehören hierher, und wem das auch noch zu direkt ist, der versucht es als „Enteignungs-Softie" über die sogenannte expropriatorische Besteuerung.

Ein wesentlicher Punkt im Naturrechtsempfinden der Menschen ist auch, daß das Ergebnis, der Erfolg einer Leistung zunächst einmal demjenigen zukommt, ihm zusteht, der diese Leistung erbringt. Kein Tier verzichtet von vornherein auf seine Beute, den Lohn seiner Beute. An tierpsychologischen Experimenten ist leicht nachvollziehbar, daß jedes Lebewesen schnell die Verbindung von Leistung und Aktion mit dem angestrebten Erfolg erfaßt.

Es ist beinahe überflüssig zu betonen, daß ökonomisch Unvertretbares passiert, wenn solche fundamentalen Gesetzmäßigkeiten außer Kraft gesetzt werden, wenn also Leistung negiert und bestraft, Nichtstun prämiert wird, wenn Korruption und Wirtschaftskriminalität in mehrstelliger Millionenhöhe unangemessen niedrig bestraft werden und kriminelle Vereinigungen ihr Eigenleben führen. Kriminalität darf sich nicht lohnen! Wer 100 Millionen DM unterschlägt und fünf Jahre Freiheitsentzug erhält, hat in dieser Zeit ein Durchschnitts-Jahreseinkommen von 20 Millionen DM. Das ist durch andere Aktivitäten kaum zu erreichen.

Wenn man die Regelungen des Steuerrechts und des Strafrechts kritisch betrachtet, ist man geneigt, rechtsphilosophisch nachdenklich zu werden. Daß ausgerechnet diejenigen, die über Recht und Strafrecht beschließen, sich selbst strafrechtliche Immunität bescheinigen, ist hier ebenso zu erwähnen wie die selbstverordnete Höhe der Abgeordneten-Diäten.

Und sonst noch

So ließe sich die Liste der Ursachen für ökonomischen Unsinn weiter verlängern: Alle Verstöße gegen gesicherte ökonomische Gesetzmäßigkeiten und Erkenntnisse können zu ökonomischem Unsinn führen. Unkontrollierte Emotionen, Intrigen, Fehlspekulationen – sehr häufig ergeben sich Fehlentwicklungen, wenn die verstandesmäßige Kontrolle nicht zu ihrem Recht kommt. Damit sind wir aber an einem Punkt angelangt, wo uns die Schwierigkeiten ökonomischer Fehlerursachenerklärung wieder besonders bewußt werden. Emotionen können auch von ethischem Verantwortungsbewußtsein, von moralischen Ansprüchen getragen sein.

Hier sei an eine Gepflogenheit im Handel und Wandel erinnert, die ihre Wurzeln eigentlich schon in den frühesten Anfängen der Menschheitsgeschichte hatte und sich bis heute nicht nur behauptet hat, sondern in Gebieten mit ökonomischem Systemzusammenbrüchen „fröhliche Urstände feiert". Gemeint sind die sogenannten Gegengeschäfte: A kauft bei B, wenn B bei A kauft. Dadurch kann natürlich mal das Preis-Leistungsverhältnis „einen Knacks erhalten", aber man kann dem Handel auf dieser Basis, wird er denn in reeller Absicht geführt, seine „moralische Qualifikation" nicht absprechen, ebensowenig seine sinngemäße Bedeutung.

Ein weiteres einleuchtendes Beispiel für positive Auswirkungen emotionalen Handelns sind eine Vielzahl von Künstlern aller Kunstgattungen, von Erfindern und so weiter, die ihren Zielen, ihrer Berufung, ihrem Sendungsbewußtsein treu geblieben sind, obwohl sie zu Lebzeiten oft verkannt, verachtet oder einfach negiert wurden.

Vor unseren Augen lassen wir gedanklich das Leben eines Vincent van Gogh, eines Franz Schubert, eines Georges Bizet oder auch Albert Lortzings ablaufen. Es fehlten oft notwendigste Arbeitsutensilien, Notenpapier, Pinsel und Farbe, geschweige denn ein ausreichendes Einkommen. Und dennoch haben diese Menschen weitergearbeitet als freischaffende Künstler, ohne soziales Netz – weil sie der Stimme ihres Herzens gefolgt sind. Ihre Einkommensverhältnisse in heutiger Zeit, sofern sie sie denn erlebt hätten, würden jeden Rahmen sprengen.

4. Die Schichtentheorie

Wie hat man sich denn nun den Einfluß der zahlreichen Fakten vorzustellen, die letztlich dazu führen, daß Fehler entstehen, Grundsätze ökonomisch richtiger Verhaltensweise verletzt werden, nicht mehr zum Tragen kommen und statt dessen ökonomischer Unsinn entsteht? Ich möchte hier den Versuch unternehmen, ein sogenanntes „Schichten-Modell" zu beschreiben, kein mathematisches System, aber eine skizzenhafte Darstellung zur Verdeutlichung dessen, was bisher gesagt wurde:

Schicht/Kategorie	Einflußfaktoren
1	Ideologie
2	Macht, Bürokratie, Politisierung, Technokratie
3	Dummheit
4	Kriminalität
5	Unwissenheit, Fehlanwendung ökonomischer Gesetze
6	Emotionalität
A	Soziale Marktwirtschaft, Handel und Wandel, Produktion

Die Zahl der Schichten 1 bis 6 kann praktisch beliebig ergänzt werden, und auch die Bezeichnung in der Reihenfolge der Schichten soll hier nur als Vorschlag verstanden werden. Vielleicht wird man sich da nicht objektiv und endgültig festlegen können: Jedenfalls soll hier gezeigt werden, wie die Basis (A) unseres wirtschaftlichen Systems, aufbauend auf den „Gesetzen" der sozialen Marktwirtschaft, den gesicherten Erkenntnissen über Produktion, Handel, Finanzierung und Management überlagert wird von Schichten, aus denen Einflüsse unterschiedlichen Ausmaßes und unterschiedlicher Intensität auf eben diese Basisschicht (A) einwirken.

58 Die Schichtentheorie

„Jeder Vergleich hinkt", so sagt der Volksmund, aber zur bildlichen Interpretation ist vielleicht der Hinweis auf Kraftfelder, beispielsweise elektrischer Art, zweckdienlich, oder wir stellen uns die einzelnen Schichten als Quelle von Strahlen vor, von denen eine (system-)verändernde Strahlung auf die Basisschicht (A) einwirkt.

Eine Interpretation der vorstehenden Skizze würde dementsprechend besagen, daß der stärkste, alle übrigen Schichten durchdringende Einfluß auf die Basis, auf das System der sozialen Marktwirtschaft, von einer andersartigen Ideologie ausgehen kann; gepaart mit einer Machtkonstellation wäre sie in der Lage, alle anderen Bereiche „aus den Angeln zu heben", sie zur Unwirksamkeit zu verdammen. Voraussetzung wäre eine entsprechend dimensionierte Ausstrahlungskraft.

Eine solch klare Aussage läßt sich naturgemäß von den anderen „unteren Schichten" nicht in dieser Eindeutigkeit machen, weil nicht alle Einflüsse und Ursachen des ökonomischen Unsinns eindeutig lokalisierbar und quantifizierbar sind. Über die Dimensionen an sich gibt das Schema keine Auskunft.

Eine Bestätigung für diese These findet sich im Grunde genommen in den geschichtlichen Ereignissen dieses Jahrhunderts: Erst in jüngster Zeit wird eigentlich so richtig klar, wie umfassend und gründlich in der Sowjetunion Regularien einer liberalen Wirtschaftsordnung „ausgehebelt" und damit absolut unwirksam waren. Kommunistische Ideologie, gekoppelt mit einem nach innen und außen überdimensioniert wirkenden Machtapparat machte das möglich.

Andererseits wird deutlich, wie sich Wirtschaft entwickeln kann, wenn konträr wirkende Machteinflüsse fehlen. Es ist viel darüber geschrieben worden, warum und wieso der Wirtschaftsaufschwung im Nachkriegsdeutschland so „wunderbar" gelang. Die „Schichtentheorie" verdeutlicht, daß die „Soziale Marktwirtschaft" sich vor allem deswegen so beinahe „lupenrein" entfalten konnte, weil negative Einflüsse der störenden „Deckschichten" 1 bis 4 nur in unbedeutendem Maße wirksam werden konnten. Die Machtstruktur des Dritten Reiches, zu dessen Zeiten erste liberale marktwirtschaftliche Konzeptionen insgeheim entwickelt wurden, war samt Ideologie zerbrochen.

So können wir den Zeitbalken der Geschichte herauf- und herunterfahren, und wir werden immer wieder feststellen, wie imperiale und/oder ideologische Strukturen, die gegen liberale Wirtschaftsordnung ausgerichtet waren, diese auch regelmäßig beeinträchtigten. Von der Kontinental-Sperre Napoleons kommen wir zum „New Deal" der Dreißiger-Jahre, zur jüngsten Krise der GATT-Runde, und über „COMECON" und die Handelspolitik des Ostblocks früherer Zeiten möcht ich uns den Kommentar ersparen.

Sobald Freiräume spürbar wurden, konnte eine liberale Wirtschaftsverfassung schnell weiter Fuß fassen: Die Zollunion Friedrich Lists 1834, die Europäische (Wirtschafts-)Gemeinschaft (zwischen den Machtblöcken) sind hier als Beispiele zu erwähnen. Diese Betrachtung unter außenwirtschaftlichen Aspekten läßt sich natürlich auch unter innenpolitischen Gesichtspunkten fortsetzen. Die Wirtschaftsordnung *eines* Staates ist dementsprechend der Ideologie oder der Machtpolitik innerstaatlicher Organisationen, Verbänden oder Gruppen ausgesetzt.

Als weitere Erläuterung des Schemas auf Seite 57 kann eine Bewertung der einzelnen Schichten angenommen werden, derart, daß die jeweils obere Schicht die darunterliegende dominiert, also letztlich „durchschlagend" wirkt bis hin zur Basisschicht (A).

5. Ökonomischer Unsinn im volkswirtschaftlichen Bereich

Die Welt der Ökonomie ist vielseitig und vielgestaltig – fast wie das gesamte Universum. Es müßte ein vielbändiges Werk geschrieben werden, wollten wir allen wirtschaftlichen Vorgängen und Objekten gerecht werden: Eine Auswahl ist hier gefragt. Der erste Versuch wird gestartet mit der Wirtschaftspolitik, einem naheliegenden, zugleich aber auch sehr komplexen Bereich.

Wirtschaftspolitik

Basis jeder Wirtschaftspolitik sind die wirtschaftstheoretischen Grundsätze und nachgewiesenen Gesetze: Das wesentliche operationale Hilfsmittel der Wirtschaftstheorie ist die Prämisse des „ceteris paribus", die Bedingung „wenn alles andere gleich bleibt". Das ist ein glänzend funktionierender Baustein – in der Theorie. An einem einfachen Beispiel erläutert, kann man klar zeigen, daß der Preis steigt, wenn die Nachfrage steigt (und umgekehrt), immer unter der Voraussetzung, daß „alles andere gleichbleibt", beispielsweise die Einkommen, die Steuern und so weiter.

So eine Aussage ist in der Theorie richtig, weil hier ein oder mehrere definierte Vorgänge (unter Millionen) herausgegriffen werden. Es ist ähnlich wie beim Schachspiel: Was als Spiel funktioniert, ist nicht auf ein Staatswesen direkt übertragbar. Die Wirklichkeit sieht also ganz anders aus. Dort bleibt nämlich beinahe gar nichts gleich: Ehe jemand eine Hypothese formuliert, sind schon die meisten Daten und Fakten geändert.

Diese Überlegungen müssen daher jede Einzelmaßnahme in Frage stellen, durch die wirtschaftspolitisch ein bestimmter Effekt erzielt werden soll. Das trifft erst recht auf die sogenannte wirtschaftspolitische „Globalsteuerung" zu. Soweit ersichtlich, ist dieser Ausdruck denn auch im Zeitalter des Automobils kreiert worden: Ein Auto läßt sich wunderbar „global" steuern, entweder mehr nach links oder mehr nach rechts, mehr Entscheidungsmöglichkeiten bleiben dem „Steuermann" nicht. Die „Einheit" Auto folgt den gegebenen Impulsen.

Aber im Wirtschaftsleben funktioniert das kaum, da wird keine „Einheit" gesteuert, sondern Millionen „Steuermänner" geben ihre eigenen Impulse. Die These „Steuerung der Makrorelationen durch den Staat (über Rahmenbedingungen wie Steuern, Wechselkurse, Wettbewerbsrecht usw.), Steuerung der Mikrorelationen durch den Markt" ist nicht verifizierbar, denn die Wirtschaft ist nicht teilbar, hier ist nur das Denken „schizophren", „hirnrissig".

Auf der Basis der sogenannten „Globalsteuerung" wurde auch die Bildersprache mit der „Talsohle" und den „Pferden, die wieder saufen" geboren. Daß Pferde saufen, denen man regelmäßig Wasser vorsetzt, ist eigentlich selbstverständlich. Ein „Künstler" ist, wer das als Wirtschaftspolitik verkauft. *„Das ökonomische Talsohlen-Denken ist die Talsohle des ökonomischen Denkens."* Was heißt das?

Es gibt sicherlich ökonomische Basisdaten, die einer Volkswirtschaft gewissermaßen vorgegeben sein müssen, damit sie funktioniert. Dazu gehören Geldmenge, Leitzins, Wechselkurs. Diese globalen Daten müssen „stimmen". Es ist auch richtig, daß man diese Größen im Rahmen der Wirtschaftspolitik verändern kann. Aber dies ist bestenfalls die „Basis", die „Talsohle" der Wirtschaftspolitik.

Sinnvolle Wirtschaftspolitik (ohne ökonomischen Unsinn) ist nur möglich, wenn Ursache und Wirkung ganz klar erkannt werden und danach gehandelt wird. Kein Arzt behandelt Blutkreislauf und Blutdruck, wenn eine Infektion vorliegt.

Entsprechend ist es ein Irrtum zu glauben, Leitzinsveränderungen führten in jedem Fall zu dem gewünschten „Globalsteuerungseffekt", frei nach dem Motto, ein Parameter wird verändert und alle anderen bleiben gleich. Ein Teil dieser „anderen Parameter" ist eben gerade nicht gleich geblieben, hat sich verändert und beispielsweise dadurch inflationäre Effekte heraufbeschworen: Gerade im Laufe des Jahres 1991, auch schon früher, zeichnete sich unter anderem ab:

– Geldmengenvermehrung,
– hohe Lohnsteigerungsraten zur Kompensation höherer Besteuerung,
– hohe Haushaltsdefizite bedingt durch öffentliche Ausgaben für Golfkrieg und Wiedervereinigung,
– hohe Export-Außenstände durch Zahlungsschwierigkeiten von Schuldnerländern,

Wirtschaftspolitik   63

- Bevölkerungszugänge belasten zunächst den Sozialetat – ohne adäquate Mehrproduktion.

Keine dieser Fehlentwicklungen wurde korrigiert; das wäre politisch schwierig gewesen. Als der vermeintlich leichtere und bequemere Weg wurde die Erhöhung des Diskontsatzes gewählt. Sie sollte die Ausuferungen der verschiedenen volkswirtschaftlichen Faktoren zu einer gegenläufigen Entwicklung veranlassen. Der Gesamtunsinns-Effekt der aufgezeigten Maßnahmen kulminiert in dem „Instanzenproblem" für die wirtschaftspolitische Zuständigkeit: „Staat – Bundesbank". Divergierendes Handeln der Spitzengremien und Führungskräfte schädigt letztlich jede öffentliche wie auch privatrechtliche Körperschaft.

Und was bewirkt die Diskonterhöhung letztlich? Wer gute Geschäfte macht, findet – vor allem im Außenhandel – weiterhin kreditierende Institute. Wer über flüssige Mittel, Gewinne, Kapital verfügt, hat seine helle Freude an immer höher verzinslichen Anlagemöglichkeiten. Ein „ Vivat, Crescat, Floreat der Inflation!" Jede Soll-Zinszahlung bedeutet auch eine Haben-Zins-Einnahme.

Dabei greift der Zuwachs durch Zinsgewinne zum Teil, nämlich für den Neukäufer, mit einer gewissen „Hebelwirkung". Wer beispielsweise

Kraftakt

Quelle: Handelsblatt

64 Ökonomischer Unsinn im volkswirtschaftlichen Bereich

hochverzinsliche Anleihen kauft, kassiert wegen der niedrigen Kurse in der Hochzinsphase eine entsprechend hohe Realverzinsung. Bei Sinken des allgemeinen Zinsniveaus steigen die Anleihenkurse und ein Kursgewinn kommt hinzu.

Der sogenannte Zinseszinseffekt ist eine Erscheinung, die in ihrer Bedeutung allgemein unterschätzt wird, da hier Steigerungsraten im Rahmen der geometrischen Reihe wirksam werden. Ein Zahlenbeispiel mag erläutern, wie sich beispielsweise 100 DM zu unterschiedlichen Zinssätzen vermehren, wenn die Zinserträge sofort wieder angelegt werden:

Nach soviel Jahren beträgt das Kapital bei einem Zinsfuß von x Prozent						
Zinsfuß:	3	4	5	6	7	8
Jahre						
1	103,00	104,00	105,00	106,00	107,00	108,00
5	115,93	121.67	127,43	133,82	140,26	146,93
10	134,39	148,02	162,89	179,08	196,72	215,89
20	180,61	219,11	265,33	320,71	386,97	466,10
30	242,73	324,34	432,19	574,35	761,23	1 006,27
40	326,20	480,10	704,00	1 028,57	1 497,45	2 172,45
50	438,39	710,67	1 146,74	1 842,02	2 945,70	4 690,16

Eine solche Tabelle liest sich schon ganz anders, als wenn man lediglich auf die Steigerung des Nominal-Zinssatzes von sieben auf beispielsweise acht Prozent verweist. Es wird deutlich, welche Zinseszinseffekte wirksam werden, wenn der Zinssatz immer weiter steigt. Natürlich muß man das hier angenommene Kapital von 100 DM mit den vielen Milliarden monetären Volksvermögens multiplizieren.

Der inflationäre Effekt einer Zinserhöhung ist immer gravierender als der „Bremseffekt" bei einer beabsichtigten Kreditaufnahme (Neuverschuldung, Deficit-Spending), weil in einer normalen, „gesunden" Volkswirtschaft das monetäre Aktiv-Vermögen in der Regel höher ist als das kreditierte Finanzvolumen. Erinnert sei in diesem Zusammenhang an steigende Gewinne im Banken- und Versicherungssektor in der Hochzinsphase 1992. Die aufgezeigte Relation ist zugunsten des Aktiv-Vermögens noch mehr verschoben, wenn wir es mit einer wachsenden, über Jahrzehnte letztlich prosperierenden Volkswirtschaft zu tun haben. Um so fragwürdiger muß in solchen Fällen eine monetäre Globalsteuerung beurteilt werden.

Und wer wird wirklich von einer Zinserhöhung getroffen? Alle Branchen, Unternehmungen und natürlichen Personen, die sowieso vor wirtschaftlichen Schwierigkeiten stehen, werden nun erst recht benachteiligt. Oft sind das Strukturprobleme: die Almbauern, die Küstenfischerei, der Bergbau, die durch Billigimporte bedrohten Branchen, der Wohnungsbau – was will man hier mit Zinserhöhungen erreichen? Sie haben in Unternehmen und Haushalten einen preistreibenden Effekt. Sollte da wirklich der Diskontsatz als (überflüssiger) Bremseffekt wirksam werden, löst das auf der anderen Seite sofort den Ruf nach noch mehr Subventionen, nach noch mehr Staat aus.

Fragen wir, weshalb es denn noch „Globalsteuerung" durch Zinspolitik gibt, so bleibt nur die einfache Antwort: Weil sie so „einfach" durchzuführen ist. Es ist eigentlich ein „binäres Denken", wenn es nur die beiden Möglichkeiten gibt, den Diskontsatz zu senken oder zu erhöhen. Da werden Beschlüsse gefaßt, die man fast mit dem Adjektiv „einsam" belegen kann. Sie verunsichern vor ihrem offiziellen Bekanntwerden das gesamte Wirtschaftsleben, von der Börse bis zum Viehmarkt, und wenn sie dann schließlich verkündet sind, passiert auf einmal gar nichts mehr, weil sämtliche Effekte schon vorweggenommen sind.

Auch eine Rechtfertigung von Maßnahmen der Globalsteuerung mit einem Hinweis auf international bedingte Notwendigkeiten vermag hier nicht zu überzeugen: Denn man könnte ja international verhandeln – und das wäre dann ja wieder mühsam.

Was not tut, ist eine in sich schlüssige Wirtschaftspolitik, die realisierbare Rahmenbedingungen setzt sowie eine Ursachenanalyse im Hinblick auf die gegebene Situation, die letztlich den Handlungsbedarf heraufbeschwor. Ohne Ursachenanalyse sind dem ökonomischen Unsinn Tür und Tor geöffnet!

Auf das Instrument der Globalsteuerung wird leider nur allzuoft zurückgegriffen, obwohl sich die kritischen Stimmen hierzu mehren. Die Frage, weshalb Fehler nicht nur gemacht, sondern auch wiederholt werden, werden wir leider noch oft stellen müssen. Sie trifft den Nerv des ökonomischen Unsinns.

Abschließen möchte ich die „Globalsteuerung" mit einem letzten Hinweis, nämlich mit der europäischen Integration in der Wirtschaft- und Währungspolitik. Lipizzaner, Trakehner, Hannoveraner, belgische Kaltblüter und spanische Araber: „Saufen tun die Pferde" alle gemeinsam sicher gern, ob sie auch so schnell zu bremsen sind, wenn es not tut, ist noch eine Frage der Gewöhnung und Erziehung – in jedem Fall aber eine – wirtschaftspolitische Notwendigkeit.

Eigentums- und Vermögenspolitik

Sie ist ein integrierter Bestandteil der Wirtschaftspolitik und direkt oder indirekt mit vielen anderen Bereichen, wie beispielsweise der Steuer- und Finanzpolitik, eng verflochten. Es ist schwierig, in wenigen Worten die Eigentums- und Vermögenspolitik im historischen Zeitraffer aufzudecken und deutlich zu machen. Klar dürfte sein, daß mit der Feststellung Adolf Wagners von den wachsenden Staatsausgaben zu Beginn des 20. Jahrhunderts, mit der progressiven Besteuerung nach der Miquel'schen Steuerreform, mit dem Ansatz der Einkommensbesteuerung über 50 Prozent die private Eigentumsbildung ganz erheblich erschwert, ja bereichsweise unmöglich gemacht wurde. Auch 2 Prozent Zinsen auf Sparguthaben mit täglich möglicher Kündigung und Mikro-Sparerfreibeträge in der Besteuerung ließen bisher nicht eben überschäumenden Optimismus in Richtung einer breiten Streuung des Vermögens beziehungsweise Eigentums aufkommen.

Die Steuerbegünstigung sogenannter vermögenswirksamer Leistung ist zwar ein Schritt in die richtige Richtung, andererseits kann man nur staunen, wie sorgsam darauf geachtet wird, daß Vermögen, was einmal unter dem ethisch anspruchsvollen Etikett „gemeinnützig" gebildet worden ist, sorgsam in Institutionen der öffentlichen Hand zum Verbleib gehalten wird, damit es nur nicht in die Hände derer gelangt, die durch Steuerzahlungen letztlich sein Entstehen ermöglicht haben. Gedacht ist an verschiedentliche Veräußerungsaktionen im gemeinnützigen Wohnungsbau, an denen sich sogar verschiedene Bundesländer mit ihren aus Steuereinnahmen finanzierten Landesmitteln beteiligen. In den neuen Bundesländern ist zum Glück in vielen Fällen anders verfahren worden. Da wurden Wohneinheiten ihren Bewohnern zum Kauf angeboten.

Es sei noch einmal betont: Wirtschaft kann nur prosperieren, wenn viele Wirtschaftssubjekte mit ihrem Eigentum und dem dadurch bedingten vitalen Eigeninteresse daran partizipieren. Dadurch werden Millionen gut überlegte Einzelentscheidungen mobilisiert und steuern das wirtschaftliche Gesamtgeschehen besser, als staatliche planerische Einzelentscheidungen es jemals vermögen.

Eines der erschütternsten Beispiele falscher Eigentumspolitik (oder besser: nicht vorhandener Eigentumspolitik) bildet eigentlich das gesamte Gebiet der früheren Sowjetunion: Land, soweit das Auge reicht, ca. 23 Millionen Quadratkilometer und 250 Millionen Einwohner, eine kaum vorstellbare Bevölkerungs-"Dichte" von ca. elf Menschen/Quadratkilometer – und jetzt kommt es: Keiner durfte bisher privaten Grund und Boden erwerben. Muß man noch fragen, wer denn da an Wirtschaft, an Produktion, an Ertrag überhaupt noch Interesse hat?

Und es kommt noch schlimmer: Anstatt Arbeitskräfte ins Land zu holen, die aus dem riesigen Gebiet möglichst noch das Beste machen könnten, es bewirtschaften, industrialisieren, bebauen (selbstverständlich unter Beachtung des Umweltschutzes), wurden eben diese Leute zwangsumgesiedelt, wurde ihnen das Leben unerträglich gemacht, wurden sie praktisch zur Auswanderung gezwungen. Dieser ökonomische Unsinn geschah im 20. Jahrhundert; Katharina die Große (1729–1796) und Maria Theresia (1717–1780) dachten über die Besiedlung der Ostgebiete schon im 18. Jahrhundert anders.

Auch die Gründung der Treuhand AG „als faktischem Konzern" mit seiner zentralen Managementfunktion hatte sicher einiges für sich. Eine breite Streuung von Eigentum, eine Interessenbeteiligung vieler ist das jedenfalls auf lange Sicht nicht. Das große Finanzierungsvolumen von über 100 Milliarden jährlich wird für die Neuorganisation, Einbindung in moderne marktwirtschaftliche Aktivitäten von relativ wenigen, meist bereits bestehenden oder übernehmenden Unternehmen aufgewendet, über verschiedene, in der Regel staatliche Institutionen. Die Mittel stammen in erster Linie aus Steuereinnahmen, also aus Zwangsabgaben. Ein „Anziehen der Steuerschraube" war angesagt: Mineralölsteuer, Ergänzungsabgabe, Mehrwertsteuererhöhung – in einer freiheitlichen Wirtschaftsordnung eigentlich etwas reichlich „ungereimt".

Freie und soziale Marktwirtschaft, das wäre gewesen: freiwilliges Aufbringen von Sparkapital, Beteiligungskapital, investiven Mitteln. Dadurch

Schaffung von persönlichen Ost-West-Kontakten, Eigeninitiative und Engagement. Zwangsabgaben beziehungsweise höhere Steuern erzeugen Druck, Frust, Unlust, Passivität, die „Gegensteuerung" setzt ein: Das Gesetz des wachsenden Steuerwiderstandes beginnt zu greifen, Steuerüberwälzung, Preiserhöhungen, Steuervermeidung – es gibt viele Möglichkeiten, den Zug der staatlichen Zwangslenkung zum Entgleisen zu bringen.

Vor fast genau 100 Jahren erfaßte eine Welle von Firmenneugründungen Europa und die USA; gewiß gab es auch Pannen, Schwindelfirmen, programmierte Bankrotte, im Endeffekt wurde jedenfalls der erste Gipfel des Industriezeitalters erreicht. Namhafte Firmen verdanken ihr Image heute den Aktivitäten jener Tage. Inzwischen haben sich die gesetzlichen Grundlagen in allen Bereichen, von der Sozial- bis zur Kartellgesetzgebung verbessert. Doch es gibt in den neuen Bundesländern noch zu wenig selbständige Neugründungen, beispielsweise von Aktiengesellschaften mit den interessanten Finanzierungsmodellen über freies Sparkapital, Investment usw.! Hier wäre mehr Initiative und Engagement angesagt.

Bevölkerungspolitik

Auf den ersten Blick scheint dieses Thema nur sehr vage mit ökonomischen Problemen in Verbindung zu stehen. Bei näherer Betrachtung kommt man aber zu dem Ergebnis, daß mit der Bevölkerungspolitik ein Basis-Thema angeschnitten wird. Stimmt nämlich die Entwicklung der Bevölkerung einer Volkswirtschaft nicht mehr, drohen einem Wirtschaftssystem Krisen und vielleicht sogar Katastrophen.

Der gesunde Aufbau einer Bevölkerungsstruktur bildet eine Pyramide. Das heißt, das langsame und natürliche Absterben der älteren Generation führt allmählich zur Pyramidenspitze. Eine breite Basis der Pyramide zeigt einen gesunden Nachwuchs der jüngere Generation, die dann in der Regel fähig und in der Lage ist, die arbeitsunfähige ältere Generation wirtschaftlich zu unterhalten.

Wird die „Basis" zu breit, gerät die Geburtenrate außer Kontrolle, kommt es zu einer Bevölkerungsexplosion (das ist das eine Extrem), droht Verelendung, wenn das wirtschaftliche Wachstum nicht folgen kann. Dieser Kausalzusammenhang ist eigentlich unstrittig, er ist bekannt. Wird er nicht entschieden bekämpft, ist der ökonomische Unsinn programmiert. Religiöse

Überzeugungen und Ideologien sind mit im Spiel. Das ist die sogenannte Bevölkerungsexplosion der Dritten Welt.

Das andere Extrem, das für die Bundesrepublik zutrifft, stellt eine „auf dem Kopf stehende" Pyramide (Pilzform) dar: Eine sinkende Geburtenrate führt dazu, daß immer weniger im Beruf stehende Bürger immer mehr Rentner unterhalten müssen. Sobald die Geburtenrate unter 1 absinkt, ist es eigentlich nur noch eine Frage des Rechenexempels, festzustellen, wann der letzte Deutsche geboren wird: Wenn eine Generation sich mit der Geburtenrate 0,9 fortpflanzt und die nächste Generation ebenso, sind schon in der übernächsten Generation nur noch gut 80 Prozent der Bevölkerung vorhanden.

Es gibt sicher eine ganze Reihe von Ursachen, die zu dieser Entwicklung beigetragen haben. Bestimmungsgründe für den Nachwuchs sind ganz besonders im ideellen Bereich zu suchen. Aber durch die finanzielle Ausstattung eines Haushalts darf die Regeneration der Bevölkerung nicht gefährdet werden. Die Wirtschaftspolitik hat dieser Notwendigkeit insbesondere dann Rechnung zu tragen, wenn die Geburtenrate unter 1 absinkt.

Die Rechnung: Wenn Ehepartner je 3 000 DM verdienen, also ein Pro-Kopf-Einkommen von 3 000 DM vorliegt, und ein Ehepartner wegen eintreffenden Nachwuchses den Beruf aufgeben muß, mit der Folge eines Rückgangs des Familieneinkommens um 50 Prozent und des Pro-Kopf-Einkommens um 66,7 Prozent (!), so erscheint das zunächst verblüffend, aber es ist etwas Wahres daran! Hier schafft ein Kindergeld von 50 bis 100 DM keinen Ausgleich, auch kein Kinderfreibetrag von 3 000 bis 4 000 DM jährlich. Hinzu kommt, daß Kinder in der Ausbildung erhebliche Mittel in Anspruch nehmen.

Die Entwicklung geht inzwischen dahin, daß um Kindergeld und Kinderfreibeträge ein mächtiger Poker entstanden ist, gerade vor den Finanzgerichten. Nach und nach werden diese Beträge erhöht. Doch die Erhöhung kann erst dann als ausreichend angesehen werden, wenn die Geburtenrate mindestens ausgeglichen ist. In einer „Wohlstandsgesellschaft" kann man nicht Familien mit Kindern einen Teil der Einkommensbasis entziehen und ihnen die Erziehungslast allein aufbürden.

Einwanderungsquoten können die eigene Bevölkerung wohl ergänzen, aber nicht ersetzen. Der Erhalt der eigenen Bevölkerung ist aber notwendig – wenn Wirtschaften in einer Nation denn überhaupt einen Sinn haben soll. „Antigermanismus" kann kein bevölkerungspolitischer Grundsatz sein.

Darüber hinaus ist die Regeneration der nationalen Bevölkerung nicht nur eine wirtschaftliche Zweckbestimmung. Hier schließen sich sowohl kulturphilosophische als auch soziologische Überlegungen an.

Die Lebensarbeitszeit

Nun ist die Anzahl der Rentenempfänger beziehungsweise das Verhältnis von aktiv arbeitender Bevölkerung zu Ruhegeldempfängern nicht nur eine Frage des Alters. Weitere auslösende Momente können sein:

– gesetzliche Regelungen,
– der allgemeine beziehungsweise individuelle Gesundheitszustand,
– die Produktivität der Volkswirtschaft.

Zunächst kann die Einwirkung *gesetzlicher Maßnahmen* für den Zeitpunkt des Ruhestandes sehr entscheidend sein. Da wird ein Gesetz erlassen, das die reguläre Lebensarbeitszeit bis zur Vollendung des 65. Lebensjahres vorsieht. Die Wirkung dieser gesetzgeberischen Entscheidung ist wieder davon abhängig, was jungen Menschen an Ausbildungszeit zugemutet wird: 13. Schuljahr, Bundeswehr und Zivildienst, ein sogenanntes soziales Jahr – im Endeffekt hat alles seine Auswirkung auf die Lebensarbeitszeit, oder aber, man setzt fallweise, für einen bestimmten Berufsstand, beispielsweise für Offiziere der Bundeswehr, das Pensionsalter auf 48 Jahre fest. Auch sogenannte „Sozialpläne" in notleidenden Industrien, zum Teil auch von der EG finanziert, haben ein Ruhestandsalter von ca. 50 Jahren zum Inhalt.

In der globalen Arbeitszeitbilanz läuft eine solche Regelung darauf hinaus, daß *die* Lebensarbeitszeit, die von einigen weniger geleistet wird, von anderen um so mehr zu erbringen ist, entweder als echter Beitrag an Zeit oder in Geld beziehungsweise Abgaben. Solche Systemverstöße sind der Keimboden für ökonomischen Unsinn.

Der *Gesundheitszustand* eines Menschen kann einerseits erfordern, daß der Rentenbezug zeitlich vorgezogen werden muß, weil keine ausreichende Leistung mehr erbracht werden kann, andererseits taucht natürlich die Frage auf, ob Arbeitsmöglichkeit nicht auch dann gewährleistet werden soll, ja muß, wenn jemand noch über 65 Jahre hinaus rüstig und leistungsfähig ist.

Wird die Arbeitschance nicht offiziell geboten, so besteht die Gefahr der illegalen Tätigkeit, ohne Steuern und Sozialabgaben, ein Status, der häufig genug vorkommt, aber sicher nicht „systemkonform" ist.

Eigentlich liegt damit die Schlußfolgerung auf der Hand, die Lebensarbeitszeit nicht an ein Höchstalter zu binden und zu begrenzen. Dabei müssen natürlich Rentenzahlungen und Leistungen entsprechend verrechnet werden. Ebenso ist eine Regelung über die dann noch mögliche Monats- und Jahresarbeitszeit zu treffen.

Für die Gestaltung der Wochen-, Monats- und Jahresarbeitszeit wäre dann in entscheidendem Maße die *Produktivität* einer Volkswirtschaft ausschlaggebend.

Im Prinzip ist das ganz plausibel, sogar logisch: Was einmal zehn Personen in acht Stunden in Handarbeit leisteten, bewältigt eine Person mit einer Maschine in einer Stunde. Das ist sicher ein extremes Beispiel für eine Produktivitätssteigerung, aber – wie jeder aus der Erfahrung weiß – sicherlich nicht unrealistisch, ist doch von Japan bis in die Bundesrepublik die Rede von der sogenannten mannlosen Produktion oder der mannlosen Fabrik. Ohne Berücksichtigung der Produktionskosten für den Automaten hat sich die Produktivität in unserem Beispiel um das 80fache gesteigert.

Bei konsequenter Verhaltensweise entstehen Produktivitätssteigerungen zwangsläufig; werden nicht zusätzliche produktivitätssteigernde Maschinen installiert, ergibt sich Mehrproduktion schon durch Routine, bessere Organisation, Ausbildung und anderes mehr. Bei konstantem Arbeitskräfteangebot würde beispielsweise eine Produktivitätssteigerung von 12,5 Prozent eine Verkürzung der Arbeitszeit von acht auf ca. sieben Stunden täglich möglich machen können, unter sonst gleichen Voraussetzungen.

Wir sind uns hier darüber im klaren, daß jede Produktivitätsverbesserung nicht in gleicher Höhe als Arbeitszeitverkürzung weitergegeben werden kann, weil beispielsweise mehr Automation auch mehr Investitionen erfordert, die ihre Rendite fordern. Im Sinne des vorgenannten Beispiels läßt sich jedoch festhalten, daß bereichsweise enorme Produktivitätsfortschritte möglich sind und Arbeitszeitverkürzungen seit vielen Jahren regelmäßig stattgefunden haben. Problem bleibt, Produktivitätsfortschritte und Arbeitszeitverkürzungen über dafür unterschiedlich prädestinierte Branchen zu koordinieren.

Über den Sinn der Freizeit und ihre Verteilung

Freizeit hat viele Gesichter. Unternehmer sehen bei dem Wort Freizeit in der Regel „rot", Freizeit eines Arbeitnehmers ist in jedem Fall nicht geleistete persönliche Arbeit. Hier fangen die Mißverständnisse auch schon an. Maschinen-Betriebszeit und persönliche Freizeit schließen sich nicht gegenseitig aus. In einer Zeit, in der mit Automatenfertigung Arbeitsplätze wegrationalisiert werden, und das kann wohl nicht ernsthaft bestritten werden, muß automatisch auch mehr Freizeit entstehen, wenn man denn nicht die Arbeitslosenquote „aufnorden" oder an anderer Stelle neue unproduktive Arbeitsplätze schaffen will. Über „Time-Sharing" lassen sich in diesem Sinne Maschinen und auch Einrichtungen in fast allen Branchen kontinuierlich nutzen.

Natürlich ist das eine Frage der Organisation. Organisatorische Hilfsmittel dazu gibt es in Hülle und Fülle, vom Büromaterial bis hin zum Computer. Aber man kann immer nur befremdet sein, welche endlosen Diskussionen um dieses Thema veranstaltet wird.

So entsteht also in einer leistungsfähigen Industriegesellschaft ein „Mehr" an Freizeit. Und diese Freizeit ist kein Zufallsprodukt, sondern eine Notwendigkeit, aus folgenden Gründen:

- Der moderne Arbeitsstil – und darüber gibt es umfangreiche Untersuchungen – mit den Hilfsmitteln Automaten und Computer beansprucht den Menschen im Vergleich zu den Bedingungen früherer Zeiten stärker, Entscheidungen werden zum Teil unter (Zeit-)Druck abverlangt, daraus leitet sich die Notwendigkeit zu mehr Freizeit ab.
- „Wachstum", das, was allerorten ständig propagiert wird; und wenn es denn dazu kommt, daß als Folge von realer Steigerung der Umsätze, des Bruttosozialprodukts, der persönlichen Realeinkommen auch mehr gekauft werden kann, mehr Gegenstände, mehr Dienstleistungen erworben werden können, dann hat das Ganze nur einen Sinn, wenn man sich mit diesen Gütern auch befassen kann. Und jedes einzelne Gut meldet seinen Anspruch auf Zeit bei seinem Besitzer an. Das Telefon, der Fernseher, der automatische Herd, der Fotoapparat – sie wollen bedient, das Auto will gefahren werden, Zeitersparnissen beispielsweise bei der Waschmaschine stehen Zeitverluste beim Autobahnstau gegenüber – jedenfalls gehen Wohlstand und wirtschaftliches Wachstum nicht ohne Zeit, „Freizeit".

So erklärt sich nicht nur die Notwendigkeit von Freizeit, sondern leider auch manche Hektik unserer Tage, weil ja auch alles verwaltet, bezahlt und gewartet sein will.
- Long-Life-Learning ist ohne ein Mehr an Freizeit nur unter zusätzlichem Zeitdruck realisierbar.
- Freizeit könnte noch aus einem ganz anderen Grunde einen Sinn haben. Bekanntlich gibt es produktive und unproduktive, ja sogar kontraproduktive Arbeitsplätze, Aktivitäten, die sogenannte Lebensbehinderungsaktionen darstellen, denken wir nur an bestimmte Auswüchse der Bürokratie. Mehr Freizeit bedeutet, daß auch diese „Negativ-Aktivitäten" Pause haben: Ein Feiertag ist ein Tag ohne Bürokratie! Welch ein Segen!

Das Kuriose an der Diskussion um die Arbeitszeitverkürzung ist nun, daß man immer nur über ihre Höhe diskutiert, weniger oder kaum aber darüber, wie sie in der Praxis umzusetzen ist; denn es gibt nicht nur eine unterschiedliche Branchenproduktivität – jeder einzelne Arbeitsplatz weist im Grunde genommen eine ungleich hohe Arbeitsproduktivität auf, denken wir an den Dienstleistungssektor, beispielsweise an die Arbeit im Krankenhaus. Auch in solchen Bereichen sind Rationalisierungen möglich, allerdings nicht so schnell und in der Regel nicht so intensiv. Da aber liegt das Problem, insbesondere auch in der Gestaltung der Kosten, die vom Nachfrager nur in zumutbarer Weise getragen werden können.

Diese Probleme in den Griff zu bekommen, ist eben schwieriger, als nur über Prozente der Arbeitszeitverkürzung zu diskutieren und zu feilschen. Ökonomische Kurzschlußhandlungen und Fehlentwicklungen scheinen programmiert. Einer sinnvollen Verteilung der Arbeitszeit stehen siebenstellige Arbeitslosenzahlen und die Mammutbürokratie der Bundesanstalt für Arbeit mit einem Etat von mehr als 110 Milliarden DM gegenüber.

Der Brunnenbau auf der Ravensburg und die bayerische Feiertagsregelung

Zwischen Bielefeld und Osnabrück liegt die im Mittelalter entstandene Ravensburg. Es geht die Sage, daß zwei Gefangene auf der Burg den über 100 Meter tiefen Brunnenschacht in den Fels geschlagen haben und anschließend aus Freude über ihr vollendetes Werk und die zurückgewonnene Freiheit tot zusammengebrochen sein sollen.

In unserer Phantasie stellen wir uns den Dialog zwischen den beiden Gefangenen, dem Ostfriesen Wuttat und dem Bayern Tuwat, wie folgt vor:

Wuttat zu Tuwat: Tu wat!

Tuwat: I hab' heut' Feiertag.

So ging das am ersten Wochentag, am zweiten, am dritten, am vierten – und am fünften Wochentag schließlich wurde Wuttat das zu bunt, er hob sein Stemmeisen und wollte es, rasend vor Wut, schon auf den Schädel von Tuwat niedersausen lassen, als dieser schrie: „Halt ein, halt ein, denke daran, daß auch im Jahre 1995 nach Christus das Land Bayern immer noch fünf Feiertage im Jahr mehr haben wird als Dein Ostfriesland."

Den Fortgang der Geschichte dürfen Sie sich, verehrter Leser, selber ausmalen. Jedenfalls sollte Tuwat recht behalten.

Diese kleine Geschichte verdeutlicht, daß Ungerechtigkeit sehr schnell bemerkt, reklamiert und angegangen wird, wenn man sie hautnah erlebt.

Wenn die Bevölkerung Bayerns in weiter Ferne Feiertage zelebriert, fällt das in Norddeutschland kaum auf. In Wirklichkeit haben die Norddeutschen pro Jahr fünf Feiertage weniger als die Bayern, bei gleichem Entgelt, versteht sich. Seit ca. 1950 sind das in fast 45 Jahren ungefähr 225 Arbeitstage, also etwa ein Jahr, in denen die Norddeutschen den Steueranteil ihrer Leistungen in die Staats- beziehungsweise Bundeskasse eingebracht haben.

Hier geht es nicht um die Einschränkung von religiösen Feiertagen. Selbstverständlich soll da ein jeder „nach seiner Facon selig werden", aber Feiern hat dann einen schlechten Stil, wenn man zur gleichen Zeit andere Bundesbürger arbeiten läßt.

Die unterschiedliche Feiertagsregelung führt nämlich jede bundeseinheitliche Arbeitszeitregelung ad absurdum. Immer, wenn sich die Tarifpartner in endlosen Debatten über eine x-Stundenwoche geeinigt haben, müssen naturgemäß die Bayern feststellen, daß sie – auf das Jahr bezogen – diesen tariflichen Zustand ja schon bei weitem überzogen haben. Ein Vergleich mit dem bekannten Wettlauf von Hase und Igel tut sich auf.

„Muße? Das ist das Gegenteil von Nichtstun. Es ist gesteigerte Empfänglichkeit, ein Tun, das nicht aus dem Zwang der Not kommt, nicht aus der

Gier nach Gewinn, nicht aus dem Gebot der Pflicht, sondern allein aus der Liebe und der Freiheit. Es ist die anspruchsvollste aller Beschäftigungen, weil sie aus dem Kern unseres Wesens hervorgeht und aus der Freude am Schaffen selbst getan wird, ohne Seitenblick auf Lohn, Ehre und Erfolg. Es ist vor allem die unverwelkliche Fähigkeit zum Staunen und zum Ergriffensein." (Hans Zbinden, „Von der inneren Freiheit")

Freizeit und Muße können enorm „produktiv" sein, sie werden zum Teil zur eigentlichen Basis der Kreativität: Man sehe sich um! Was geschieht dort, wo gearbeitet, gedacht und entschieden wird, in Hektik, ohne Pause, ohne auch mal inneren Abstand von einer Sache zu gewinnen? Im ersten Augenblick sind da zum Teil erstaunliche Ergebnisse. Und im Laufe der Zeit stellt sich oft heraus, daß der Überblick nicht da war, die Erfassung der Gesamtsituation, des Umfeldes fehlte, die Entwicklung war nicht ausgereift – oder man hatte gar die Organisation, das Management vergessen.

Sinn und Unsinn von Subventionen

Subventionen werden – letztlich aus Steuereinnahmen, eventuell auch durch Steuerverzicht oder Sonderabschreibungen – in der Bundesrepublik in Höhe von über 100 Milliarden DM jährlich gezahlt. Weil der Steuerzahler nicht einsehen kann, wieso er sein mühsam verdientes Geld Subventionsempfängern zur Verfügung stellen soll, ohne daß eine erkennbare Gegenleistung erbracht wird, sind Subventionen umstritten, „ein Dorn im Auge" der Leistungsgesellschaft. Das läßt sich in der Regel auch politisch gut verkaufen. Und doch: Obwohl Subventionsabbau auf den ersten Blick nur Vorteile mit sich zu bringen scheint, Finanzmittel, Bürokratie und Verwaltungsaufwand spart, zu Steuersenkungen führt, Mittel freisetzen kann, um unter Umständen an anderer Stelle neue Arbeitsplätze zu schaffen – es bewegt sich kaum etwas an der Subventionsfront.

Denn Subventionen können, richtig verstanden und eingesetzt, einen immens positiven wirtschaftlichen Effekt haben. Das läßt sich schon an ihrer historischen Entwicklung ablesen. Um ein bekanntes Beispiel zu nehmen: Im Mittelalter erhielten auserwählte Personen vom Regenten ein Lehen, im Grunde genommen zunächst erstmal unentgeltlich, eine Art „Startkapital", um Wirtschaft, insbesondere Agrarwirtschaft, Handel und Wandel aufzubauen und zu entwickeln.

Subventionen hat es seither in unterschiedlichen Formen und Dimensionen gegeben. Sie können aber auch in einer Volkswirtschaft zu verheerenden Veränderungen, ja zur Zerstörung der wirtschaftlichen Verhältnisse führen. In der ehemaligen DDR erreichten Dauersubventionen 1989 eine Höhe von 115 Milliarden DDR-Mark, das entsprach ca. 17 000 DDR-Mark pro Jahr je Durchschnittsfamilie. Diese „indirekten Einkommen" unterminierten natürlich echte Leistungs- und Arbeitsmoral.

Eine Definition?

Greifen wir aus der Vielzahl der „Subventionsfälle" nur wenige heraus, beispielsweise Kokskohle-Beihilfen, Airbusprojekt, Forschungsförderung, so wird zugleich ihr unterschiedlicher Charakter deutlich. Die Definition: „Subventionen" (im engeren Sinne) sind vermögenswerte Zuwendungen, die ein Träger öffentlicher Verwaltung ohne spezielle Gegenleistung natürlichen oder juristischen Personen (Unternehmungen) zukommen läßt", führt uns nicht in allen Fällen weiter. Das Airbusprojekt beispielsweise ist da schon eher unter dem Gesichtspunkt einer „Investition" mit allen wirtschaftlichen Chancen und Risiken zu beurteilen.

Die Vielzahl der Subventionsfälle mit ihren zum Teil extremen wirtschaftlichen und politischen Eigenmerkmalen bedarf daher auch einer sehr differenzierten Beurteilung: Die „Erhaltungs-Subventionierung" einer Überschußproduktion mit ihren Folgekosten ist etwas ganz anderes als beispielsweise die direkte Forschungsförderung, die eine spezifische Gegenleistung und hohes Eigenrisiko des Zuwendungsempfängers voraussetzt.

Der Remanenzcharakter der Subventionen

Eine zunächst vordergründige Antwort auf die Frage, weshalb Subventionen nicht kurzfristig reduziert werden können, lautet in der Regel, daß eine Kürzung sich nach einer längeren Laufzeit der Subvention nicht rechtfertigt und politisch nicht durchsetzbar ist.

Hinter dieser vorgegebenen politischen Motivation stehen letztlich sehr handfeste und zum Teil erdrückende ökonomische Fakten. Es sind im

Sinn und Unsinn von Subventionen 77

Grunde genommen drei Kardinal-Fälle denkbar, die immer wieder Anlaß zur Subventionierung geben und wahrscheinlich auch für die Zukunft eine bedeutende Rolle spielen werden:

– Auslandssubventionen

Will sich ein Wirtschaftszweig nicht selbst aufgeben, muß gegen Auslandssubventionen mit der Folge von Dumpingpreisen eingeschritten werden. Ist ein politisches Arrangement absolut nicht möglich, bleibt als Lösung nur die Subventionierung der eigenen Industrie, womit sicher ein Stück Marktwirtschaft verloren geht. Denn Marktwirtschaft setzt immer marktkonformes Verhalten aller Partner voraus. Wenn es auf einer Seite fehlt, ist eine „halbe Marktwirtschaft" nicht möglich.

– Niedriglohn-Länder

Die Gefahr einer dumping-ähnlichen Situation kann sich im Handel mit Niedriglohn-Ländern schnell ergeben, wenn ein Ausweichen auf ein mit Abstand höheres Qualitätsniveau nicht möglich oder das eigene Rationalisierungspotential erschöpft ist.

Eine Alternative zur Subventionierung wäre in solchen Fällen unter Umständen die Einstellung der Inlandsproduktion, beispielsweise des betreffenden Massengutes. Ob eine Industrienation wie die BRD sich den Verzicht auf bestimmte Industrien leisten kann, ist die anschließende Frage. Die Antwort lautet nein, wenn man sich der Gefahren und Probleme monostrukturierter Volkswirtschaften bewußt ist.

– Strukturelle Diskrepanz

Verschiedene Volkswirtschaften können erhebliche strukturelle Unterschiede aufweisen. Nordamerikanische Weizenfelder und australische Bodenschätze beispielsweise ermöglichen Erzeugungsmengen, Kostendegression und Preise, die im europäischen Raum konkurrenzlos sind. Subventionspolitik bietet hier oft den einzigen Ausweg, ganzen Wirtschaftszweigen, beispielsweise in der Landwirtschaft oder im Bergbau, das wirtschaftliche Überleben zu ermöglichen. (Ausmaß und Berechnung der Zahlungen sind dabei gewichtige Fragen).

Subventionskodex statt Rasenmäher

Vielleicht sollte man noch ein Faktum nennen, wenn es um eine Stellungnahme zu Subventionen geht: Schließlich sind Subventionen eine der ganz wenigen Möglichkeiten der Unternehmen, von „Trägern öffentlicher Verwaltung" wenigstens einen kleinen Teil der Mittel zurückzuerhalten, die ursprünglich in Form von Steuern und Abgaben gezahlt worden sind. In vielen Fällen profitiert der „Steuerzahler" von Aufträgen und Arbeitsplätzen, die erst durch Subventionen möglich werden.

Ein neu zu schaffendes Subventionsrecht könnte gewissermaßen als Pendant zum Steuerrecht verstanden werden. Ähnlich wie es im Steuerrecht Besteuerungssachverhalte und Bemessungsgrundlagen gibt, ließen sich auch im Subventionsrecht Berechnungsgrundlagen schaffen.

So, wie auch in den Unternehmen technische Investition und Finanzierung zweierlei sind, sollte auch die Beurteilung von Subventionen von zwei Seiten erfolgen:

- Die Bereitstellung der Finanzierungsmittel

Was oft als Rasenmähermethode propagiert wird, nämlich die Kürzung von verschiedenen Subventionen in gleicher prozentualer Höhe, hat nur den einen richtigen Denkansatz, daß die insgesamt für Subventionszahlungen zur Verfügung stehenden Haushaltsmittel als Summe gekürzt oder auch erhöht werden können. Ein Beschluß könnte beispielsweise darauf abstellen, daß der Subventionshaushalt prozentual zum Gesamthaushalt oder Bruttosozialprodukt einen bestimmten Satz nicht übersteigen darf.

Diese Bereitstellung der Subventionsmittel ist eine entscheidende Frage der Haushaltspolitik (Deficitspending): Der Bedarf an Subventionen steigt in der Regel in Krisen, wenn das Budget sowieso – durch rückläufige Steuereinnahmen bedingt – knapp ist, und umgekehrt. Der Subventionsbedarf ist in der Regel – konjunkturpolitisch gesehen – antizyklisch, die Neigung, Subventionen zu zahlen, dagegen zyklisch orientiert. Das heißt, wachsende Umsätze, hoher Beschäftigungsstand, hohes Einkommen, die wiederum zu steigenden Steuereinnahmen führen, ermöglichen höhere Staatsausgaben, auch für Subventionen. Und gerade in wirtschaftlich schlechten Zeiten, bei rückläufigen privaten und staatlichen (Steuer-) Einnahmen, wenn kritische Situationen in den Unternehmen zu steigendem Subventionsbedarf führen, fehlen dafür die Mittel.

Nach der Festlegung des Subventionshaushaltes insgesamt muß noch über die Höhe der Einzelsubventionen entschieden werden. Ohne auf die „Rasenmähermethode" zurückzugreifen, ist auch die Beurteilung von Dringlichkeit und Grenznutzen von Bedeutung:

– Die Bestimmung der Subventionsgrundlage

Für den einzelnen Subventionsfall müssen folgende Einzelfragen geklärt, bewertet und in ihren Ergebnissen nach Prioritäten aufgelistet werden:

– „Subvention" oder „Investition mit Folgekosten",
– Aufrechterhaltung von nicht bedarfsgerechter Produktion,
– Anlagen- beziehungsweise Arbeitsintensität des Betriebes,
– gerechte Aufteilung von Subventionen im Hinblick auf ihre Auswirkungen in den Bundesländern,
– Dauer der Subvention,
– mit Zahlung der Subvention verbundene Auflagen,
– Eigenkapitaldecke des Unternehmens,
– volkswirtschaftliche, strukturpolitische Bedeutung des subventionierten Betriebes,
– Beurteilung der vorhandenen Arbeitsplätze und Möglichkeit der Schaffung von krisensicheren Ersatzarbeitsplätzen beziehungsweise neuen Arbeitsplätzen,
– Schaffung von Anreizen für die Betroffenen zur positiven Veränderung der eigenen Situation, beispielsweise Hilfe zur Selbsthilfe, degressiv gestaffelt, Belohnung für Subventionsverzicht,
– Höhe der Wertschöpfung des subventionierten Unternehmens; große Fertigungstiefe beziehungsweise ein hoher Verarbeitungsgrad bedeutet in der Regel auch hohe Wertschöpfung.

Nur auf diesem Wege, über sachbezogene Überlegungen, wird es gelingen, einen gangbaren Weg durch den Subventionsdschungel zu finden.

Ideenreichtum ist immer die beste Voraussetzung, um Subventionsprobleme gar nicht erst aufkommen zu lassen. Es wäre sicher sinnvoll, diese „guten Ideen" besser zu honorieren, als Subventionsfälle generell zu verteufeln, weil sie scheinbar nicht systemkonform sind. Subventionen müssen planbar und berechenbar sein, sonst entwickeln sie sich schnell zu ökonomischem Unsinn. Subventionspolitik auf einen Nenner gebracht, könnte heißen: Soviel wie nötig, sowenig wie möglich!

Ausgewählte Märkte: Agrarmarkt, Wohnungsmarkt, Energiemarkt

Auf einem Markt kommen Angebot und Nachfrage zusammen. Es gibt viele Märkte, jedes Wirtschaftsgut hat sozusagen seinen Markt. In einer sozialen Marktwirtschaft sollte sich eigentlich auf den meisten, möglichst auf allen Märkten, aus dem Zusammentreffen von Angebot und Nachfrage ein freier, das heißt frei zwischen Käufer und Verkäufer vereinbarter Preis bilden.

Wer in unserer sozialen Marktwirtschaft die Preisbildung näher betrachtet, muß leider feststellen, daß ein erheblicher Teil der Preise von Gütern und Dienstleistungen durch Gesetze, Verordnungen, zwischenbetriebliche Absprachen und so weiter fixiert ist.

Erinnert sei nur kurz an die Preise für Bahn und Post, an die Preise für Grundnahrungsmittel, Energie (Gas, Strom) und Wohnraum. Außerdem gibt es Preisbindung, Festpreise, „Mondpreise" und anderes mehr.

Und das Eigenartige bei diesen Märkten ist, daß gerade auf den Sektoren, die für die Lebensführung am wichtigsten oder sogar unentbehrlich sind, die größten Eingriffe in die freie Preisbildung stattfinden. Dies betrifft den Agrarmarkt, den Wohnungsmarkt und den Energie-Sektor. Naturgemäß hat hier die „soziale Komponente" einen wesentlichen Einfluß.

Der Agrarmarkt

Dieser Markt hat schon seit Menschengedenken immer eine besondere Rolle gespielt, seine Bedeutung ist nicht zu leugnen. „Panem et circenses" war schon politisches Leitmotiv im alten Rom, die Bauernkriege und Aufstände früherer Jahrhunderte belegen die brisante Situation dieses Wirtschaftszweiges, die auch heute nicht von der Hand zu weisen ist.

Tatsache ist, daß in europäischen Breiten in der Regel nur eine Ernte pro Jahr in der Felderwirtschaft möglich und damit eine kritische Erlös- und Kostensituation vorgegeben ist. Diese wird dadurch noch veschärft, daß, international gesehen, im außereuropäischen Ausland günstigere Möglichkeiten für eine extensive Landwirtschaft gegeben sind, mit zum Teil potenziert größeren Mengen und Stückzahlen und entsprechend niedrigeren

Ausgewählte Märkte: Agrarmarkt, Wohnungsmarkt, Energiemarkt 81

Kosten je Produkteinheit (Weizen in den USA und in Kanada, Rinderzucht in Argentinien und in den USA).

Die Folge der Produktionsprobleme in der Bundesrepublik und anderen europäischen Ländern war und ist, daß der Staat Abnahmepreise für die unterschiedlichen Produkte der landwirtschaftlichen Betriebe garantiert: Das sind erhebliche Subventionsmittel. Besondere Fortschritte in der Pflanzenzüchtung und bei der Tierhaltung (Intensiv-Tierhaltung) machten bei allen Betriebsgrößen eine weitere Expansion der Erzeugungsmengen möglich. Diese Mengen konnten bisher uneingeschränkt zu staatlich garantierten Festpreisen abgesetzt werden.

Die Folge war ein enormes Anwachsen von Agrarüberschüssen und Subventionen, die nicht nur die Mengenabnahme betrafen, sondern auch die Lagerhaltung in teuren, extra für diese Zwecke gebauten Kühlhäusern. Ein weiterer wesentlicher, ebenfalls durch Agrarsubventionen finanzierter Kostenfaktor ist die staatliche und die europäische Bürokratie, denn die Subventionen wollen verwaltet werden.

Um zu verdeutlichen, welche Ausmaße diese Überproduktion zeitweise annimmt, hier einige Beispiele:

Im Januar 1986 wurde festgestellt, daß die Lagerbestände der Europäischen Gemeinschaft an Agrargütern auf 20 Milliarden DM angewachsen waren. Damals lagen ca. 17 Millionen Tonnen Getreide „auf Halde", Wert ca. 7 Milliarden DM. Die Rindfleischbestände wurden mit 790 000 Tonnen angegeben, mit einem Buchwert von 4,6 Milliarden DM. Butterbestände (ca. 1 Million Tonnen) erreichten einen Wert von ca. 7,4 Milliarden DM. Bei diesen Erzeugnissen schlagen vor allem auch die erwähnten Lagerhaltungskosten mit je ca. 800 Millionen DM jährlich zu Buche.

Allein die Beseitigung der Überschußproduktion von einem Hektar Getreide kostet rund 860 DM, von einem Kilogramm Fleisch 5,10 DM und von 1 Kilogramm Milch 68 Pfennig. Hier wurden die Zahlen aus 1986 zitiert, weil sie für dieses Jahr besonders extrem, deutlich und aufschlußreich sind.

Der Abbau der bestehenden Überschüsse führt schließlich auch zu teuren und kuriosen „Notlösungen"; unter anderem wird versucht, die Überschüsse an Länder mit Defiziten in der Agrarproduktion, wie beispielsweise die damalige Sowjetunion, entweder billig, besser gesagt zu Schleuderpreisen zu verkaufen, oder aber die Überschüsse zur Viehfütterung zu verwenden (wodurch wieder neue Überschüsse entstehen).

82 Ökonomischer Unsinn im volkswirtschaftlichen Bereich

Hier wird bereits klar, daß die Landwirtschaft unter solchen Voraussetzungen nicht von selbsterwirtschafteten Gewinnen lebt, sondern von Subventionen einer Überschußproduktion, die in der Bundesrepublik 1986 eine Höhe von 35 Milliarden DM erreichten (von denen die kleineren Agrarbetriebe am wenigsten profitieren). „Würde man die überschlägig errechneten 35 Milliarden DM an die deutschen Bauern direkt überweisen, entfielen auf jeden Bauernhof ca. 48 000 DM (ohne Nebenerwerbsbetriebe ca. 82 000 DM). Durch die agrarpolitischen Maßnahmen in der Bundesrepublik werden 290 000 bis 424 000 Arbeitskräfte künstlich erhalten." (FAZ 10.5.86)

Ganz „findige Köpfe" leben von den Subventionen besonders gut: Da werden Subventionsprämien für Weizenlieferungen an die Sowjetunion durch Wiederholung des Verladevorgangs gleich zweimal kassiert; italienisches Olivenöl ist ebenfalls ein „dankbares" Subventionsgut, ebenso Rindfleisch. „Allein an Exportsubventionen zahlt die Europäische Gemeinschaft jährlich mehr als 14 Milliarden DM, ein beträchtlicher Teil wird ergaunert" (FAZ 31.5.90), sämtliche Agrarsubventionen betrugen in der EG 1989 laut OECD 183 Milliarden DM, ca. 550 DM pro Kopf der Bevölkerung. (HB 5.12.90)

Folgende Konsequenzen können wir daraus ziehen:

– Der „klassische Fall" der Subventionierung einer Überschußproduktion ist ein Beispiel für ökonomischen Unsinn, ist Verschwendung von Gütern.
– Überschußproduktion wirft keine Gewinne ab, sondern verursacht noch zusätzliche Kosten.
– Agrarüberschüsse sind vor allem auch deswegen unverständlich, weil in vielen unterentwickelten Gebieten gleichzeitig Nahrungsmittelknappheit herrscht.
– Unzureichend kontrollierte Agrarsubventionen, insbesondere Exportsubventionen, führen zu Mißbrauch, zu sogenanntem Subventionsbetrug.
– Agrarexporte, hochsubventioniert, belasten nicht nur den Etat der Exportländer, sie senken auch den Anreiz für die Importländer, eigene Agrarproduktion zu forcieren und zu intensivieren.

Besinnen wir uns nun auf die Fragen, die zu stellen sind, so lauten diese:
– Welche Funktionen hat die Landwirtschaft zu erfüllen?
– Wie werden sie erfüllt?

Ausgewählte Märkte: Agrarmarkt, Wohnungsmarkt, Energiemarkt 83

Funktionen

Soll	Ist
Agrarproduktion im konkurrenzfähigen Preis-Kosten-Verhältnis	Überproduktion mit Hilfe von Subventionen
Schonung der Umwelt und Landschaftspflege	Intensivproduktion mit Intensiv-Düngung und Massentierhaltung
Agrarexport als Möglichkeit, Lebensmittel für Notlagen bereitzustellen	Hunger herrscht in weiten Gebieten der Dritten Welt
Erhaltung bäuerlicher Kulturgüter	Abwanderung aus der Landwirtschaft (Landflucht)
Chancengleichheit für kleine und mittlere Betriebe	Großbetriebe und Bürokratie erhalten Hauptanteil der Subventionen

Soll/Ist-Vergleich des Agrarmarktes

Sinnvolle Agrarpolitik kann nur darin bestehen, allen vorhandenen Agrarbetrieben einen ausreichenden Lebens- und Leistungsraum zu belassen. Kleinere bäuerliche Betriebe können ohne Subventionen, die natürlich sinnvoll geplant sein müssen, nicht bestehen.

Agrarkapazitäten zu vernichten würde bedeuten, den Menschen in den Hungerländern Überlebenschancen zu nehmen – sinnvolle Bevölkerungspolitik immer vorausgesetzt.

Zu lösen ist also das Transport- und Verteilungsproblem. Im Raketenzeitalter dürfte das allerdings nur ein Scheinproblem sein. Intensiv-Tierhaltung kann aus Gründen der biologischen Hygiene und letztlich auch der Volksgesundheit keine Dauerlösung sein. Hier den medizinischen Beweis zu führen, daß Tierhaltung in der Regel ohne Sonnenlicht zu Streßbelastung und über Generationen zu biologischen Schäden führt, ist sicher nicht einfach, aber notwendig. Der Schaden durch Schweinepest erreicht inzwischen eine Milliarde DM (FAZ 21.10.94).

Jedenfalls sind Bau- und Agrartechnik hier gefordert, das Problem biologisch sinnvoller und wirtschaftlich vertretbarer Nutztierhaltung zu lösen. Zusätzliche Aufwendungen zur notwendigen Verbesserung im qualitativen Bereich sind sinnvoller angelegte Gelder als Subventionen zu qualitativ bedenklicher Überschußproduktion.

Der Wohnungsmarkt

Anfang bis Mitte der 80er Jahre gab es noch leerstehende Wohnungen, insbesondere sogenannte Sozialwohnungen; Anfang der 90er Jahre war im Vergleich zur Nachfrage ein Fehlbestand an Wohnungen zu verzeichnen. Was war geschehen?

Die Einkommen waren gestiegen, die Wohnungsansprüche änderten sich entsprechend, gesucht wurde die größere, die Komfortwohnung, die Wohnung für „Singles". „Emanzipiert" zu wohnen bekam einen hohen Stellenwert. Das ist nicht zuletzt die Folge einer rückläufigen Zahl von Eheschließungen und steigender Scheidungsquoten.

Eine weitere Erhöhung der Nachfrage nach Wohnungen resultiert schließlich aus dem Zustrom von außen, seien es nun Zuwanderungen von Gastarbeitern, sogenannten Aussiedlern oder Asylanten. Diese Verhältnisse sind es letzten Endes, die ursächlich zu einer erhöhten Nachfrage nach Wohnungen führen. Aber kritisiert, um nicht zu sagen „diffamiert", werden Bauherren, Haus- und Wohnungseigentümer, obwohl diese kurzfristig an der Situation überhaupt nichts ändern können.

Im Rahmen einer marktwirtschaftlichen Ordnung regelt sich am besten alles über den Preis, Angebot und Nachfrage kommen so zum Ausgleich. Bleibt zu hoffen, daß sich diese Erkenntnis allmählich auch auf dem Wohnungssektor durchsetzt.

Gleichwohl werden wiederholt politische Forderungen erhoben, Mietpreissteigerungen stärker zu begrenzen. Zur Begründung werden hauptsächlich Mietpreise in sogenannten Ballungszentren herangezogen. Dabei wird übersehen, daß hohe Mietpreise in Ballungszentren auch ein natürliches

Regulativ sind und für weitere Bevölkerungszuwanderung entsprechend abschreckend wirken. Keiner käme auf die Idee, zum „Sozialpreis" ein Penthouse in New York mieten zu wollen.

Dabei ist in der Bundesrepublik auch das Wohnen durch ein soziales Mietrecht mit Kündigungsschutz sowie den Anspruch auf Wohngeldzahlungen abgesichert. Außerdem gibt es noch die Mietpreisbindung, die sich am „Mietpreisspiegel" orientiert.

Betrachten wir einmal die Mietpreisentwicklung anhand des Mietpreisspiegels einer mittleren norddeutschen Großstadt, so findet man bei Altbauten Preise von 3,50 DM/Quadratmeter im Jahr 1990. Wer aber einmal Besitzer einer solchen preiswerten Wohnung ist, wird sie nicht hergeben, auch wenn sie ihm viel zu groß geworden ist. Dem quadratkilometerweisen Horten von Wohnraum wird so Vorschub geleistet.

Somit darf als selbstverständlich angesehen werden: Wo keine auskömmlichen Preise zu erzielen sind, findet sich kein Investor, der seine Finanzmittel zur Verfügung stellt. Privatkapital wandert aus dem Wohnungsbau ab, wenn der Preis als marktwirtschaftliches Regulativ außer Funktion gesetzt und gegen marktwirtschaftliche Grundsätze verstoßen wird. Wenn wir daher nach den Ursachen der Wohnungsmarktprobleme fragen, können wir dies als weitere Antwort anführen.

Dabei könnte unter Wahrung marktwirtschaftlicher Grundsätze der Wohnungsmarkt der ideale Tummelplatz für ökonomische Aktivitäten sein. Überflüssig ist zu betonen, daß vom Wohnungsmarkt entscheidende Impulse auf die wirtschaftliche Leistungsfähigkeit von Handel, Handwerk und Industrie ausgehen. Sozial- und wirtschaftspolitisch könnte breitgefächertes Privateigentum an Haus und Grund der entscheidende Faktor einer freiheitlichen sozialen Sicherung sein, ein hervorragendes Mittel, den Bürger im Rahmen seiner Möglichkeiten an eigenverantwortliche wirtschaftliche Tätigkeit heranzuführen. Bildung von Vermögen und (Wohn-)Eigentum in privater Hand! Den rechtlichen, wirtschaftlichen und sozialpolitischen Aktivitäten würde hier ein nahezu unbegrenzter Raum eröffnet, Gestaltungsmöglichkeiten phantasievoll auszuschöpfen.

Zum Glück sind da schon viele Modelle realisiert: Bausparwesen, Immobilienfonds – ihre positive Bedeutung kann nicht hoch genug eingeschätzt werden. Aber die Presse konzentriert sich in viel zu starkem Maße darauf,

Not- und Negativaspekte auf dem Wohnungsmarkt herauszustellen. Mietwucher, wenn es ihn denn – ohne Rückforderungsanspruch gegen den Vermieter – überhaupt geben sollte, wird auch in renommierten Wirtschaftszeitungen plakativ herausgestellt.

An dem realen Tatbestand des Mietwuchers soll hier nichts beschönigt werden, aber er ist nicht schlimmer als Wucher und Ausbeutung in anderen Bereichen des Wirtschaftslebens. Wenn die vorliegenden Informationen stimmen, ist Großbritannien beispielsweise ein Land, in dem die breite Streuung des Wohneigentums funktioniert. Vorzugsweise werden Wohnungen gekauft, weniger gemietet. In Deutschland dagegen wird die Umwandlung von Miet- in Eigentumswohnungen streng reglementiert.

In der Bundesrepublik wird immer wieder der Ruf nach dem „Sozialen Wohnungsbau" laut, dem Wohnungsbau mit Steuergeldern, bei dem eben gerade der nicht berücksichtigt werden kann, darf, soll, der die zum Teil bis über das Existenzminimum hinaus abgepreßten Steuern geleistet hat. Ebenso akribisch, wie die Steuer erhoben wird, so großzügig wird auf der anderen Seite mit den Mitteln im Sozialen Wohnungsbau umgegangen. Eine Summe von 10 Milliarden DM jährlich! Hätte man das Geld dem Steuerzahler belassen, würde er wahrscheinlich schon längst Wohnungen damit gebaut haben.

Unter dem Stichwort „sozial" und „gemeinnützig" wird ein „Milliardenspiel" eröffnet. Wer einmal eine Beleihung seines Wohnhauses über eine Bank hat vornehmen lassen, weiß, was alles an Formularen und Formvorschriften beachtet werden muß. Da reicht denn das Vorstellungsvermögen manchmal nicht mehr aus, wenn plötzlich ein gemeinnütziges Wohnungsbau-Unternehmen mit neunzehn Milliarden DM Schulden illiquide wird. Man stelle sich das vor:

– Ein Bankräuber, der mit vorgehaltener Pistole 5 000 DM ergaunert, mobilisiert die örtliche Polizeifahndung.
– Ein Banküberfall mit einer Beute von 500 000 DM würde auch von der überregionalen Presse beachtet und eine landesweite Polizeiaktion auslösen.
– Der große Coup mit unterirdisch angelegtem Tunnel zum Banktresor und 5 Millionen DM „Geldtransfer" ist schließlich das Thema für einen spannenden Krimi.

– Und 19 Milliarden DM notleidende Schulden? Bei 200 Arbeitstagen im Jahr und einer abzuhebenden Summe von 500 000 DM täglich brauchte man 190 Jahre, um auf diesen Betrag von 19 Milliarden DM zu kommen. Und wer regt sich darüber auf? Fast keiner.

Im Gegenteil: Was nun schon einmal mit Geldern des sozialen Wohnungsbaus finanziert wurde, mit vom Steuerzahler aufgebrachten Mitteln, zum Teil auch mit sogenannten Steuervergünstigungen beziehungsweise Befreiungen wegen bestehender sogenannter „Gemeinnützigkeit", wird zum zweiten Mal mit ebenfalls vom Steuerzahler beigebrachten Mitteln von verschiedenen Bundesländern zurückgekauft, unter anderem auch vom Land Hamburg im Jahr 1988.

Effekt für die private Vermögensbildung gleich null, könnte man meinen, wenn nicht die Rechnung dem Steuerzahler präsentiert würde.

Was hier in relativ wenigen Worten umrissen wurde, sind letztlich Ereignisse in der bundesrepublikanischen Wirtschaftsgeschichte, die Bände füllen würden, wollte man detailliert berichten: ökonomischer Unsinn, der sich – unter Mißachtung marktwirtschaftlicher Grundsätze – auch auf dem Wohnungsmarkt ausgebreitet hat.

Der Energiemarkt

Wer über physisch-biologische Energie verfügt, das Wort „Energie" sagt es, ist stark; wer ökonomisch über Energievorräte verfügt, seien sie aufbereitet oder noch als natürliche abbaubare Vorkommen im Boden verborgen, hat ein Machtpotential. Strategisch hatten Energievorkommen große Bedeutung im Zeitalter der Industrialisierung. Heute spielen die fossilen Primär-Energievorräte (Öl, Erdgas, Kohle) und die Kernenergie energiepolitisch eine wichtige Rolle.

In der Regel in der Verfügbarkeit des Staates, oder, beim Öl, weitgehend beeinflußt von den weltweit vertretenen Ölgesellschaften, den Öl-Multis, dient der Ölpreis weniger der Realisierung sozialpolitisch gerechter Verteilungs-Vorstellungen, wie zum Beispiel die Preise auf dem Agrar- und Wohnungsmarkt, sondern vorrangig der Gewinnmaximierung beziehungsweise der Vermehrung des Steueraufkommens. Um den Ölpreis hochzuhalten, werden weltpolitische Krisen noch nicht einmal ungern gesehen. Die Verteilung von Strom und Gas durch überwiegend kommunale Körperschaften tut ein übriges, um über eine Quasi-Monopolisierung des Energie-Angebots den Preis hoch zu halten.

Weil ein möglicher niedriger Erdgaspreis Erdgas zum Substitutionsprodukt für Öl werden lassen könnte, wurde im Wege einer Preiskoppelung veranlaßt, daß in einer bestimmten Relation der Erdgaspreis der Preisentwicklung des Öls, abgestimmt auf den Kaloriengehalt, folgt.

Außer bei einer sogenannten Kuppelproduktion, wo die Preis- und Kostenbindung der betreffenden Produkte sich aus der Kalkulation und den technischen Vorgängen ableitet, würde kein Mensch im Rahmen marktwirtschaftlicher Preisbildung zwei unterschiedliche Produkte in eine feste Preisrelation setzen, wenn sie unter jeweils anderen Voraussetzungen auf den Markt kommen.

Nun könnte man als Rechtfertigung behaupten, hohe Energiepreise bremsten die Nachfrage und führten auf diesem Wege letztlich zu einer Schonung der Ressourcen. Das wäre der Fall, wenn man den Preis des umweltfreundlichen Erdgases naturgemäß niedrig ließe und das Erdöl so auf dem Markt substituiert werden könnte. Es wäre sinnvoll, weil im Hinblick auf die gesamte Kunststoffchemie Erdöl ein wichtiger Rohstoff ist. Aber genau dieser Effekt wird ja nun nicht herbei geführt.

So ist es im Endeffekt seltsam, daß bei Erdgas der Preis über die Bindung an das Erdöl hochgehalten wird, daß die Preise für Mineralöl und Benzin über einen Mineralölsteueranteil am Literpreis von ca. 98 Pf hochgehalten werden, und daß andererseits der Steinkohlenbergbau hoch subventioniert wird, insbesondere die Steinkohlenlieferungen an die Stahlindustrie. Zur Zeit der ersten Ölkrise in den 70er Jahren potenzierte sich der ökonomische Unsinn, als man auf einen steigenden Ölpreis weiterhin Mineralölsteuer aufschlug, aber gleichzeitig für Bezieher niedriger Einkommen eine Heizkostenbeihilfe zahlte.

Wem das noch nicht genügt, der plädiert für die Energiesteuer. Außer Wettbewerbsverzerrungen und Benachteiligung energieabhängiger Regionen wird damit nichts bewirkt, denn umweltfreundlicher Energieverbrauch ist abhängig von

– der Wahl des Energieträgers (Erdgas, Kohle u.a.)
– der Technologie, und die Energiesteuer schafft keine umweltfreundliche Technologie

Ausgewählte Märkte: Agrarmarkt, Wohnungsmarkt, Energiemarkt 89

– der Bevölkerungszahl, denn jeder Mensch ist Energieverbraucher.
Dabei sind wir an Energieträgern nicht arm – entgegen vielfachen Behauptungen. Das Thema „Kernenergie" läßt sich hier nicht erschöpfend behandeln. Aber wir können manches mit einem „Kopfschütteln" begleiten, unter anderem folgende Entwicklungen:

1. Wie kann man nur über Jahre und Jahrzehnte kernenergiepolitisch aktiv sein, Kernkraftwerke bauen und erfolgreich – das ist doch unstrittig – betreiben, und schließlich einige von ihnen stillegen beziehungsweise gar nicht erst in Betrieb nehmen, – nicht bevor, sondern nachdem 10 bis 15 Milliarden DM verbaut worden sind?
Jede Bilanzprüfung erfolgt jährlich, größere Betriebsprüfungen spätestens alle fünf Jahre. Aber wenn 15 Milliarden DM in den Sand gesetzt werden, geschieht nichts dagegen, bevor nicht die gesamte Summe vertan ist
Noch seltsamer mutet an, daß niemand für den Schaden verantwortlich gemacht wird, keine spektakuläre Schadensersatzklage, keine Verhaftung, keine Gefängnisstrafe. Aber wer auf Nicht-Parkflächen parkt, obwohl er niemanden behindert, wird Bußgeld-reif. Wer aufgefordert wird, seine Steuererklärung abzugeben, dem wird eine Zwangsabgabe angedroht.

2. Die Problematik der Kernenergie soll hier keinesfalls herunter gespielt werden. Aber die Kernenergiediskussion in einem Lande nützt nichts, wenn alle anderen Länder diesen Energieträger als das „non plus ultra" einsetzen.

Als geradezu widersinnig muß es erscheinen, daß ausgerechnet in dem Land, das vielleicht nicht den höchsten, aber doch einen sehr hohen Entwicklungs- und Know-how-Status hat, die Kernkraftaktivitäten dezimiert wurden und nach Möglichkeit weiter dezimiert werden sollen. Einschränkungen in der Kernenergie führen zu Know-how-Verlusten, die Beherrschung der Kernenergie erfordert aber gerade Know-how-Wachstum!

Ob nun die alternativen Energiequellen, Sonne, Wasser, Wind, Biogas wirklich eine echte Alternative sein können, muß die Zukunft zeigen. Länderspezifisch deuten sich Chancen an, also beispielsweise Sonnenenergie in heißen Zonen, Windenergie in Küstenregionen und so weiter. Ehrliche Rechner sind gefragt, die die jeweils spezifischen Vorteile eines

Energieträgers fair ermitteln sollten. Der volkswirtschaftliche Nutzen schlägt sich auch in einzelwirtschaftlichen Ergebnissen nieder. Nur so kann hier der ökonomische Unsinn vermieden werden.

Es gibt viele Märkte. Hier wurden drei nicht unbedeutende herausgegriffen, um zu zeigen, wie Probleme inkonsequent angegangen werden, beziehungsweise wie weit marktwirtschaftliche Prozesse zeitweise ausgeschaltet werden. Zeitweise, weil auf lange Sicht alle Güter substituierbar sind und kein Monopol ewig währt.

Man kann nach weiteren Beispielen Ausschau halten, und ich bin sicher, es tut sich eine Fundgrube des Absurden auf: Der Verkehr mit seinen Straßenverkehrstoten und -opfern, die jährlich mehr als zwei Legionen in der BRD betragen und in der Regel im Meer des Vergessens untergehen. Oder die Kosten zur Beseitigung der Gesundheitsschäden: sie erscheinen in der volkswirtschaftlichen Leistungsbilanz letztlich als Zuwachs im Bruttosozialprodukt!

Von einer unverantwortlichen Verzerrung des Marktgeschehens zeugen auch die 50-Milliarden-Verluste der Deutschen Bundesbahn! Erinnert sei an den Dualismus im Wirtschaftsleben: Ist der Verlust auch noch so groß, als Auftrag*geber* sind öffentliche Unternehmen und die sogenannte Öffentliche Hand immer gern gesehen.

Am schlimmen Ende ist der Steuerzahler gefragt, und auf den kommen wir jetzt zu sprechen.

Steuern

Der Staat finanziert den größten Teil seiner Ausgaben durch Steuereinnahmen. Steuern müssen sein, darüber gibt es keine Diskussion, ohne solche Einnahmen kann ein Gemeinwesen die ihm obliegenden Aufgaben nicht erfüllen. Die Frage richtet sich deshalb in erster Linie nach der Höhe der Steuerbelastung für Bürger und Unternehmen und nach Art und Weise der Steuererhebung. Der Aspekt des „Maßhaltens" rückt in den Vordergrund.

Die Höhe der steuerlichen Gesamtbelastung kann eine Frage der politischen Gesinnung sein beziehungsweise war es auch bis 1989. Bis zu diesem Jahre

Ausgewählte Märkte: Agrarmarkt, Wohnungsmarkt, Energiemarkt 91

konnte noch, wer bis dahin unbelehrbar war, der Meinung sein, daß Ökonomie nur über Allmacht und Planung des Staates sozial gerecht und wirtschaftlich sinnvoll möglich würde. Mit dem Zusammenbruch der Volkswirtschaften sozialistischer Prägung müßte allerdings auch dem letzten Uneinsichtigen klargeworden sein, daß Millionen Einzelhaushaltspläne und wirtschaftliche Entscheidungen in privatwirtschaftlichen Unternehmungen mehr wirtschaftliche Vernunft, mehr Gerechtigkeit und mehr soziales und wirtschaftliches Engagement bewirken als jede Form einer zentralen Staatswirtschaft. Natürlich gehört auch eines unabdingbar dazu, was letztlich Sinn und gewissermaßen Prämie für alle Anstrengungen sein könnte: Privateigentum.

Über das Verhältnis zwischen Staat und Bürger ist unendlich viel geschrieben worden. Wie man es auch immer definiert, eine durch die Verfassung definierte „vertragliche Vereinbarung", ein „contrat social" (Rousseau 1762) muß unterstellt werden, wenn man von einem natürlichen, liberalen Verhältnis – und nicht von Tyrannei und Diktatur – ausgeht.

Und was ist Basis eines fairen Gesellschaftsvertrages? Man einigt sich über Einnahmen und Ausgaben im Verhältnis 50 zu 50, wenn nicht andere eindeutige Umstände, beispielsweise unterschiedliche Kapitaleinsätze,dagegen sprechen. Wenn aber ein Gesellschafter den größten Kapitalanteil hält, zugleich die meiste Arbeit leistet, der andere aber den Gewinn vereinnahmt, dann läßt das Ende des Gesellschaftsvertrages nicht mehr lange auf sich warten. Daraus folgt für das Verhältnis von Staat zu Bürger, daß eine Besteuerungsgrenze, beispielsweise beim Einkommen, 50 Prozent nicht übersteigen darf.

Was geschieht aber tatsächlich? Schon 1992 beträgt der Spitzensteuersatz der Einkommensteuer 53 Prozent. Die Körperschaftssteuer auf nicht ausgeschüttete Gewinne beträgt 50 Prozent, auf ausgeschüttete Gewinne 36 Prozent zuzüglich 25 Prozent Kapitalertragssteuer auf die ausgeschütteten 64 Prozent = 52 Prozent Steuerbelastung. Natürliche Personen zahlen auf die Einkommensteuer in den meisten Fällen noch eine Kirchensteuer von 9 Prozent.

Zwar wurde der Körperschaftssteuersatz 1994 von 50 Prozent auf 45 Prozent gesenkt, dafür ist aber auch schon für 1995 der sogenannte Solidaritätszuschlag zur Einkommensteuer und zur Körperschaftssteuer in Höhe von 7,5 Prozent der Einkommen- oder Körperschaftssteuer vorgesehen. Viel mehr

"Hin und Her" ist kaum vorstellbar. Da bleiben nur die Schäfchen ungeschoren, die auf ausländischen Weiden grasen.

Die Belastung der Unternehmen einschließlich Vermögens- und Gewerbesteuer summiert sich schnell auf insgesamt 75 Prozent des Gewinns. Rechnet man bei natürlichen Personen die Mehrwertsteuer von 15 Prozent auf die zur Verfügung verbleibenden Einkünfte zur steuerlichen Belastung hinzu, kommt man auch hier schnell zu einer Gesamtbelastung von 70 Prozent – von Vermögensteuer, sonstigen Verbrauchssteuern und Mineralölsteuer ist da noch gar nicht mal die Rede. Die Bildung von Eigenkapital in Unternehmen, die keinen Zugang zum Kapitalmarkt haben, ist damit fast unmöglich gemacht, und das Wort „Selbstfinanzierung" hat bald nur noch akademische Bedeutung. Von dem, was einem Steuerpflichtigen in einem wachstumsträchtigen Industriestaat an Einkünften im oberen Einkommensbereich netto verbleibt, sind vielleicht noch 25 Prozent vorhanden. Sozialabgaben sind dabei noch nicht berücksichtigt.

Überflüssig zu betonen, daß dadurch eigentlich die Verhältnisse auf den Kopf gestellt werden: Nicht der Einkommensbezieher verfügt über den größten Teil seines Einkommens, sondern der Staat. Wer bei den hohen Spitzensteuersätzen auf Millionengehälter und Milliarden-Gewinne der Konzerne zurecht hinweist, sollte nicht versäumen zu prüfen, ob da nicht an anderer Stelle die Weichen falsch gestellt sind.

Wenn man nun fragt, wie in der Bundesrepublik unter den genannten Umständen sinnvolle Arbeit und effizientes Wirtschaften überhaupt möglich war, stößt man schnell auf die lediglich „relative Bedeutung" der sogenannten Steuersätze.

Deswegen kann man alle sogenannten mathematisch-wissenschaftlichen Ausdeutungen eines Einkommensteuertarifs als Unsinn bezeichnen, weil sie den Gestaltungsmöglichkeiten – wie auch immer sie aussehen – im Steuerrecht nicht Rechnung tragen. Die Gestaltungsmöglichkeiten des Steuerrechts relativieren die Bedeutung des Steuertarifs. *Einerseits* wird besteuert, was im Grunde genommen gar nicht mehr vorhanden ist, unter anderem auch zwangsläufige Ausgaben, denen sich ein Steuerpflichtiger nicht entziehen kann:

– Zinszahlungen, die nicht Werbungskosten oder Betriebsausgaben sind,
– Tilgungsraten, aus dem Einkommen bezahlt,
– Mietwert der eigenen Wohnung (bis Ende der 80er Jahre),

- Sonderausgaben für Versicherungen, Altersvorsorge und Bausparen, die die abzugsfähigen Höchstsätze überschreiten,
- außergewöhnliche Belastungen bis zur Höhe der zumutbaren Eigenbelastung,
- Ausgaben für die auswärtige Ausbildung von Kindern, die den abzugsfähigen Betrag bei weitem übersteigen,
- PKW-Kosten, nur absetzbar mit 70 Pf je Entfernungskilometer,
- gezahlte Vermögensteuer.

Umgekehrt gibt es nun auch Einkommen, das zwar zu Recht diesen Namen verdient, aber nicht besteuert wird, weil es insgesamt oder im Rahmen sogenannter Freibeträge von der Besteuerung freigestellt ist. Dazu gehören beispielsweise die Einkommen und Gewinne sogenannter gemeinnütziger Unternehmen (das konnten sogar Wohnungsbauunternehmen sein) oder aus freier schriftstellerischer Tätigkeit. Auch der frühere Weihnachtsfreibetrag bei Einkünften aus nicht selbständiger Tätigkeit ist hier zu nennen. Renten, Pensionen, Sozialleistungen, Arbeitslosenhilfe unter bestimmten Voraussetzungen, private Veräußerungsgewinne unterliegen nicht der Einkommensteuer.

Sicherlich kann man darüber diskutieren, doch in jedem Falle dürften die Argumente, Freibeträge zuzulassen, grundsätzlich andere sein, als die Argumente für eine Besteuerung von Einkommen, die in Wirklichkeit gar nicht (mehr) da sind. Steuern zu erheben von außergewöhnlichen Belastungen, von gezahlten Vorsorgebeiträgen, von Geldbeträgen, die gar nicht (mehr) im Verfügungsbereich des Steuerpflichtigen liegen, scheint doch ein recht fragwürdiges Unterfangen zu sein, fast ein „Schildbürgerstreich".

Aus alledem ergibt sich, daß der Besteuerungsprozentsatz bei der Einkommensteuer deutlich relativiert wird. Kann ein Steuerpflichtiger keine Freibeträge in Anspruch nehmen und ist er zusätzlich mit nicht abzugsfähigen Sonderausgaben und außergewöhnlichen Belastungen „gestraft", dann muß eine Besteuerung von 53 Prozent + 4,8 Prozent Kirchensteuer = 57,8 Prozent zu einem Alptraum werden.

Grundsätzlich wird davon ausgegangen, daß ein Steuerpflichtiger zunächst 100 Prozent Einkommen hat. Daß hinter dem Einkommen in der Regel auch 100 Prozent persönlicher Einsatz und Leistung stehen, wird nicht bedacht, ein „Lapsus", der bei der ständigen Forderung nach mehr Einkommens-Umverteilung (Redistribution) unverzeihlich ist.

94 Ökonomischer Unsinn im volkswirtschaftlichen Bereich

Ein kurzes Zahlenbeispiel mag das erläutern:

Ein Ehepaar, ein Partner ist Alleinverdiener, hat ca. 100 000 DM zu versteuerndes Einkommen. Es sind folgende Belastungen aufzubringen, für die keine Steuervergünstigungen gewährt werden:

	DM
Tilgungsraten für Haushypothek	10 000,–
Auswärtsstudium eines Kindes 12 000 DM minus Kindergeld und Ausbildungsfreibetrag (ca. 3 600 DM)	ca. 8 400,–
Vermögenssteuer	1 500,–
beispielsweise Eigenanteil für außergewöhnliche Belastung Krankenhaus und Operation (privat) 4 Prozent von ca. 120 000 DM	4 800,–
BfA Beiträge oder Lebensversicherung (über Abzugsgrenze)	8 000,–
Zwischensumme	32 700,–
Einkommenssteuer laut Splittingtabelle von 100 000 DM	22 168,–
9 Prozent Kirchensteuer	1 995,–
	./. 56 863,–
Von Einkommen	100 000,–
verbleiben demnach als verfügbare Mittel	43 137,–
Pro Kopf und Monat sind das	1 797,–

Dieser Betrag läßt sich mit sogenannten Sozialleistungen durchaus „messen", aber wie gesagt: In diesem Fall hat ein Alleinverdiener dafür ein Jahr hart arbeiten müssen. Es scheint, als habe sich der „soziale Rechtsstaat" hier „übernommen".

Die Auswahl der Zahlen in diesem Beispiel ist deswegen so realistisch, weil nicht zuletzt durch die „quasi auf dem Kopf stehende Bevölkerungspyramide" immer weniger Beschäftigte immer mehr Rentner versorgen müssen, die Rentenleistungen somit zunehmendem „Druck" ausgesetzt sind. Eigenvorsorge durch zusätzliche Lebensversicherung ist daher angesagt. So kommt der Steuerzahler in die Schere von sinkenden Sozialleistungen in Verbindung mit zusätzlichen Verpflichtungen (Lebensversicherung) und bei Einkommenssteuer-Progression und „Solidaritätszuschlägen" zu höheren Steuerbelastungen. Die ökonomischen Möglichkeiten der Einkommensverwendung nähern sich dem Nullpunkt. Das ist der „negative Akzelerator – bzw. Multiplikatoreffekt" sinkender Sozialleistungen und höherer Besteuerung. Da wird kein Wirtschaftsfreiraum geschaffen, sondern nur noch eine Einzelzelle eines erdrückenden Sozialsystems.

Ich möchte hier nicht das gesamte System der Besteuerung abhandeln. Aber soviel kann gesagt werden, daß mit der Einkommens- und Körperschaftssteuer ja gerade die „bestraft" werden, die für sich, ebenso für die soziale Gemeinschaft der Bürger, Leistungen erbringen.

Sozial angemessener wäre es, (wenn nicht generell die Steuerlastquote gesenkt werden kann) diejenigen zu besteuern, die durch den Erwerb der volkswirtschaftlichen Leistung in den *Genuß* der Güter und Dienstleistungen kommen wollen: Umsatz- oder Mehrwertsteuern beziehungsweise Verbrauchssteuern sind damit gefragt. Die Diskussion im I. Quartal ,92 über dieses Thema ging damit prinzipiell in die richtige Richtung. Die Besteuerung mehr auf die Verbrauchssteuern zu verlagern, entspricht im übrigen auch dem Grundsatz der „Besteuerung nach der Leistungsfähigkeit", denn mit hohen Verbraucherpreisen zahlt der „Leistungsfähige" auch ein „Mehr" an Steuern mit.

Hinzu kommt ein wichtiges Argument, das einer freiheitlichen Rechts- und Wirtschaftsordnung durchaus würdig ist: Die Verlagerung von der Einkommen zur Verbrauchsbesteuerung würde auch jene Schnüffelei in privaten Verhältnissen unterbinden, die man in Deutschland aus den unseligen Zeiten des Dritten Reiches kannte und die eine befremdliche „erweiterte Neuauflage" durch die sogenannte Staatssicherheit in der früheren DDR erfuhr.

Das sogenannte inquisitorische System – wenn es nicht schon seit Menschengedenken immer wieder in Kriegszeiten angewandt wird – hatte seinen Ursprung im frühen Mittelalter bei der Verfolgung der Albigenser erlebt, wurde zur Zeit der mittelalterlichen Inquisition weiter perfektioniert und wirkt, auf eine sogenannte Leistungsbesteuerung angewandt, ausgesprochen demotivierend. Nicht nur zu hohe Steuersätze, auch Art und Weise der Erhebung können ein Besteuerungssystem leistungsfeindlich und unerträglich werden lassen.

Da wagt ein Steuerpflichtiger, als „Verschiedene Kosten" einen Betrag von 125 DM pro Jahr anzugeben. Einfach nur so, ohne jede Erläuterung. Das muß eine Behörde in hohem Maße mißtrauisch machen: Wie kann jemand mit 125 DM im Jahr, das sind 10,42 DM monatlich, überhaupt wirtschaften?

Flugs wird im Rahmen eines Verwaltungsaktes eine Erläuterung angefordert. Das sieht äußerlich harmlos aus; Nichtbeachtung hat aber auslösende Wirkung für „unbequeme" Veranlagungspraktiken, wie sie in der Abgabenordnung, beispielsweise im § 162 AO (Steuerschätzung) zum Ausdruck kommen.

Also wird seitens des mit Arbeit und Streß belasteten Steuerpflichtigen zusätzlich Freizeit geopfert, Akten werden herausgesucht, Belege und Zettelchen sortiert, und siehe da, ein Punkt des mehrseitigen Schreibens lautet:

Von den	DM 125,—	(mtl. DM 10,42)	verschiedene Kosten
sind 12,8 %	DM 16,—	(mtl. DM 1,33)	Kosten lt. Beleg
sind 34,8 %	DM 43,46	(mtl. DM 3,66)	anteilige Fahrtkosten
sind 38,0 %	DM 47,54	(mtl. DM 3,97)	anteilige Telefongebühren
sind 14,4 %	DM 18,—	(mtl. DM 1,50)	anteilige Portokosten

Nun fragen Sie, verehrter Leser mit Recht, welches Interesse ein Steuersachbearbeiter denn an solchen Angaben haben kann?

Man kann nur Vermutungen anstellen. Etwa die, daß die Erfragung solcher belangloser Angaben, mit der Autorität des Staates im Rücken und der totalen Demütigung des Steuerpflichtigen, der für solche sinnlosen Auskünfte seine sowieso begrenzte Freizeit opfern muß, zu einem besonderen „Glücksgefühl" führen könnte, so eine Art „Bürokratieorgasmus". Um nachzuempfinden, was das eigentlich ist, muß man selbst Bürokrat sein. Die Arbeitszeit aller Beteiligten in dieser Sache, in Geld umgerechnet, würde zeigen, welche Aspekte des Unsinns sich hier auftun.

Unterliegen einzelne Steuerpflichtige, die ihre Veranlagung ohne Steuerberater erstellen, stärkeren Reglementierungen als Unternehmen mit testierten Abschluß-Bilanzen? Während dort jeder Pfennig dreimal umgedreht wird, werden in den bekannten spektakulären Fällen Fehlbeträge in dreistelliger Millionenhöhe nicht bemerkt.

- Werden nicht nur die Steuersätze, sondern auch die Freibeträge bei allen Einkunftsarten gleichmäßig und regelmäßig der wirtschaftlichen Entwicklung angepaßt? Einer der übelsten fiskalischen Tricks ist die progressive Besteuerung bei schleichender bzw. offener Inflation. So „wandert" auch der Steuerpflichtige mit niedrigem Einkommen langsam in die höchste Progressionsstufe, und die Staatsquote am Bruttosozialprodukt, ebenso wie das Steueraufkommen, wächst und wächst ebenfalls progressiv.
Besonders denkwürdig in diesem Zusammenhang ist der Freibetrag bei Einkünften aus Kapitalvermögen; er wurde jahrelang nicht den veränderten Verhältnissen angepaßt und lag bei 600,– DM. Schlagartig wird plötzlich eine Reform eingeläutet, und auf einmal wird's möglich: 6 000/12 000 DM, ein verzehnfachter Freibetrag. In China würde man sagen: Er (der Finanzminister) „hat sein Gesicht verloren". Das ist jedenfalls der schwerwiegendste Vorwurf, der jemandem nach dortiger Moralvorstellung gemacht werden kann.
- Quasi ein (ungeschriebenes) finanzwissenschaftliches Gesetz ist, daß es keine „Steuer von der Steuer" geben darf. Eine in sich völlig logische und schlüssige These. Aber Vermögenssteuer und Erbschaftssteuer sind dagegen ein eklatanter Verstoß. Vermögen hat sich in der Regel aus versteuertem Einkommen gebildet; mit der Vermögens- und Erbschaftsbesteuerung wird es ein zweites und drittes Mal erfaßt, und das Vermögen des Staates, der Kirchen und Stiftungen – überhaupt nicht. Auch die „Doppelbesteuerung" im Rahmen der Gewerbesteuer ist hier zu erwähnen. „Der Steuerzahler ist das einzige Lebewesen, dem man das Fell mehrmals über die Ohren ziehen kann."
- Höhere Steuern – und immer weiter höhere Steuern von anderen – kann gerechterweise nicht fordern, wer selbst im „Wolkenkuckucksheim" sitzt. Abgeordnete, die für ihre Diäten Steuerfreiheit in Anspruch nehmen und einen Dienstwagen fahren, müßten erst einmal auf ihre Privilegien verzichten, bevor sie andere zur Kasse bitten.

„Die Kritik am Gesetzgeber nimmt zu", so lautete die Überschrift im Vorwort einer namhaften betriebswirtschaftlichen Zeitschrift. Die Rede ist von der Überforderung der steuerberatenden Berufe durch immer mehr und damit immer unübersichtlichere Gesetze, Verordnungen und Richtlinien im Steuerrecht. Das bedeutet eben mehr Bürokratie und weniger Recht und Rechtsstaatlichkeit, insbesondere für den Bürger, wenn er den Überblick verliert. Für diese Situation gibt es die alte römische Wendung: „Summum ius, summa iniuria", „Höchstes Recht (wird) höchstes Unrecht", und bedeutet damit letztlich eine Lösung von rechtsstaatlichen Grundsätzen.

Nun gibt es ein ganzes Arsenal von Möglichkeiten und Arten der Besteuerung. Sogar die Konjunktur läßt sich „steuerlich steuern". Das kann ein fragwürdiges Unterfangen sein, wenn über hohe Staatsquoten die wirtschaftlichen Aktivitäten abgewürgt würden und anschließend durch Steuersenkung die Wirksamkeit staatlichen Einflusses positiv herausgestellt werden soll. Das hätte man ja auch schon eher haben können.

Es würde zu weit führen, steuerpolitische Maßnahmen in ihrer Effizienz hier im einzelnen zu diskutieren. Mancher Unsinn, wie zum Beispiel die „Fenstersteuer" als Teil der Grund- und Gebäudesteuer früherer Zeiten, hat sich selbst ad absurdum geführt. Entscheidend scheint zu sein, als gravierendsten Fehler einer Steuerpolitik die Gefahren einer zu hohen Staatsquote am Bruttosozialprodukt herauszustellen: Eine zu hohe Besteuerung entzieht der Privatwirtschaft, den Unternehmen und Haushalten die Mittel, die sie im Rahmen ihrer notwendigen wirtschaftlichen Aktivitäten brauchen. Bildung von Eigenkapital und Vermögen auf breiter Ebene wird unterbunden, letztlich damit auch Motivation, „incentives" für wirtschaftliche Aktivitäten. Mit Steuerprogression und hohen Zinsen ist jede wirtschaftliche Belebung kaputtzukriegen.

Nur „Advokaten eines Restaurations-Sozialismus" können nach dem Zusammenbruch des „Realen Sozialismus" noch von hohen Staatsquoten träumen. Hohe Besteuerung unterbindet nicht nur Kapitalbildung und unternehmerische Betätigung der inländischen Bevölkerung – Kapitalanteile werden schließlich von ausländischen Kapitalgebern übernommen. „Das gesamte Sparaufkommen wird abgeschöpft" stellen die Genossenschaftsbanken fest (FAZ 2.6.93). „Wenn der Staat 1993 die Geldvermögensbildung allein für sich nutze, so bedeute dies, daß von der inländischen Ersparnisbildung keine einzige DMark mehr zur Finanzierung der Privatwirtschaft bereitstehe."

Internationale Kapitalverflechtungen müssen sein; Kapital muß schnell an den Ort kommen, an dem es dringend gebraucht wird. Aber eine kapitalmäßige Fremdbestimmung durch das Ausland ist sicher das weniger wünschenswerte Extrem. Schon ein Fünftel des Aktienkapitals der Bundesrepublik soll sich in ausländischen Händen befinden. Dabei mögen Zinsniveau und Außenwert der DM ebenfalls eine Rolle spielen, dominierend sind aber steuerliche und vermögenspolitische Restriktionen für Inland-Anleger.

Doch abgesehen von diesen legalen Kapitaltransaktionen sind die inoffiziellen Finanzbewegungen von Interesse und das unerwünschte Ergebnis einer „Über-Besteuerung". Die Presse berichtet von Steuerfluchtgeldern 1991 bis 1993 von ca. 330 Milliarden DM sowie von Einkommensteuerausfällen von jährlich 13 Milliarden DM. Der Schaden, der hier durch verfehlte Steuerpolitik angerichtet worden ist, läßt sich durch Arbeit und Mehrleistung kaum wieder ausgleichen.

Wer nun Orientierungsschwierigkeiten hat, wo denn nun das „rechte Maß" der Besteuerung zu finden sei, dem kann in Zukunft geholfen werden: Das rechte Maß der Besteuerung liegt im Rahmen der europäischen Integration auf dem Niveau der europäischen Mitgliedstaaten. Das einzige, was verwundert, ist, daß dieses in Zukunft geltende „Gesetz" bisher von den wenigsten Politikern klar erkannt worden ist. An dieser Stelle fängt die „Forderungsgesellschaft" bereits an zu „bröseln", jedenfalls auf nationaler Ebene.

Schließlich sei die Frage gestellt, was es denn wohl für einen Sinn macht, wirtschaftliches Wachstum in einer sogenannten Leistungsgesellschaft zu fordern und anzustreben, auf der anderen Seite aber eine Besteuerung bis zum Existenzminimum zu betreiben?

Exkurs zur Bürokratie

Bis vor wenigen Jahren wurden die technische Überlegenheit und die Unentbehrlichkeit der Bürokratie für die Organisation und Verwaltung von staatlich-öffentlichen, industriellen und sonstigen Handlungsgefügen hervorgehoben, indem man auf die Präzision, Objektivität und Berechenbarkeit, Stetigkeit, Disziplin, Verläßlichkeit und Vorhersehbarkeit der von ihnen erbrachten Leistungen hinwies. Entwickelte Bürokratie gab es schon im alten China, Ägypten, Rom, bei den Mayas, typisch auch im preußischen Beamtentum.

Dagegen ist *Bürokratismus* eine perfektionierte, übersteigerte Form der Bürokratie; schematisierte, ritualisierte, ohne Sinn-, Kosten- und Leistungsüberlegungen durchgeführte Arbeit in Verwaltungsorganisationen; dazu gehört auch spezifisches Bewußtsein und Amtsauffassung von Beamtengruppen. Eine einmal voll durchgeführte Bürokratie gehört zu den am schwersten zu zertrümmernden sozialen Gebilden, in denen die Herrschaftsbeziehungen praktisch so gut wie unzerbrechlich geworden sind. Festgefügte Verwaltungsstrukturen beinhalten die Gefahr von Inflexibilität und Verkrustung. Heute wird die Effizienz einer bürokratischen Binnenstabilität skeptischer beurteilt.

Eindämmung der Bürokratie ist erforderlich bei Fehlleistungen,

- wenn Aufwand und Nutzen im Mißverhältnis stehen, beispielsweise im Formularwesen;
- wenn Behörden und Verwaltungen aus Selbstzweck ausgebaut werden oder nicht den (öffentlichen) Erfordernissen entsprechen, beispielsweise Ausbau einer Beamtenhierachie;
- wenn anstelle von Schadenshaftung (beispielsweise bei öffentlicher Verschwendung) Beförderungen ausgesprochen werden, um einer Person weitere einschlägige Handlungen unmöglich zu machen;
- bei falschen oder unkoordinierten Zielvorgaben, so beispielsweise bei aufwendiger Verfolgung von Kleinstkriminalität statt Schwerkriminalität, Mafia und Wirtschaftskriminalität;
- wo Gesetze, Verordnungen, Richtlinien und Erlasse
  - durch großen Umfang und Unübersichtlichkeit,
  - durch ständige Änderung,
  - durch Ungenauigkeit und Fehler,

  Rechtsunsicherheit und letztlich Unrecht erzeugen;
- wenn unvertretbare und vermeidbare Behinderungen des gesellschaftlichen und wirtschaftlichen wie auch des persönlichen Lebens einzelner Staatsbürger durch behördliche oder verwaltungsmäßige Aktionen bewirkt werden, beispielsweise durch Genehmigungsverfahren;
- bei Willkür.

Die öffentlichen Ausgaben

So kleinlich eng und mit fanatischer Akribie und Kontrolle, wie öffentliche Organe gegenüber Bürgern selbst die geringfügigsten vermeintlichen Zahlungsansprüche verfolgen und in der Regel auch durchsetzen, so großzügig, so unkompliziert und unkontrolliert wird andererseits mit den Ausgaben umgegangen. Im Grunde genommen sind es vier Kriterien, in denen sich öffentliche Ausgaben von ökonomischen Aktionen der Privatwirtschaft unterscheiden:

1. Da ist zunächst das *Sparen*. In der Privatwirtschaft ist es eine Selbstverständlichkeit, sparsam mit den Ressourcen, nicht zuletzt mit Finanzmitteln, umzugehen. Vermiedene Ausgaben und Kosten stärken die Eigenmittel, verbessern in Unternehmen in der Regel Kostenstruktur und Konkurrenzfähigkeit. Sparen ist eine Selbstverständlichkeit im wohlverstandenen Eigeninteresse der Existenzerhaltung.

   Bei den öffentlichen Kassen gibt es einen Sparwillen in dieser Form nicht. Im Gegenteil: Es gibt den indirekten Zwang, Etat-Reste zum Jahresschluß auszugeben, will man nicht Etat-Kürzungen für das nächste Haushaltsjahr hinnehmen. Und wie glänzend steht ein Sachwalter öffentlicher Kassen erstmal da, wenn die Kasse leer ist!

   Da ist eitel Grund zur Freude der Selbstrepräsentation: Auftritt in der Öffentlichkeit ist angesagt: Die „Medien" rangeln förmlich um das erste Foto, den Leitartikel, die Fernsehshow: Da ist also ein verarmter Kassenwalter, der im mutmaßlichen öffentlichen (im vermeintlichen Eigen-) Interesse handelt, finanziell abgebrannt. Und dann geht der Rundumschlag der Forderungen los: Wenn nicht gleich Kopf und Kragen des Steuerzahlers verlangt werden, sind erstmal die anderen öffentlichen Körperschaften dran: Horizontaler oder/und vertikaler Finanzausgleich, Gebühren und Monopolpreise von Bahn, Post, Telefon, Energie – wie hätte man es denn gern?

   Immer zahlt der Bürger als letzter in der „Kette".

   Aber Zwang zum Sparen? Nein, danke.

2. *Vertrauen* (das die Wähler den Parlamentariern angedeihen ließen), ist gut, *Kontrolle* (und daran hapert es bei den öffentlichen Ausgaben) ist besser. Die Privatwirtschaft muß sich da allerhand gefallen lassen: Steuerberater und Wirtschaftsprüfer haben heute fast jeden Jahresab-

schluß zu testieren, in Betriebsprüfungen werden Rechnungslegungen wie mit einem Seziermesser zerlegt, Aktivitäten aller Beteiligten bis hin zum Herzinfarkt sind keine Grenzen gesetzt, Bilanzveröffentlichungen tun ein Übriges, und von den Verordnungen, Kommentaren und Formularen lebt nahezu die ganze Szenerie „Druck und Papier".

Und bei öffentlichen Kassen, öffentlichen Körperschaften, Kirchen, gemeinnützigen Verbänden – wo gibt es da Vorschriften für ein Testat eines unabhängigen Wirtschaftsprüfers? Veröffentlichungen – darauf verzichtet man gern, es sei denn, jemand zeigt besonderes Interesse, oder Haushaltsdebatten lassen sich nicht umgehen.

Ihr Eigenleben führen die öffentlichen Vermögenshaushalte. Jeder Bürger muß auf Anforderung eine Vermögensteuererklärung abgeben, er ist offenbarungspflichtig und wird ab ca. 120 000 DM vermögenssteuerpflichtig. Das Vermögen der öffentlichen Hand entzieht sich jedoch meist der Kenntnis Außenstehender.

Der *Vermögen/Schulden-Status* staatlicher und kirchlicher Stellen kann damit für den Bürger kaum beurteilt und diskutiert werden, obwohl er schließlich hauptsächlich aus Steuergeldern finanziert wurde. Der Sonnenkönig läßt grüßen.

Und die Macht der öffentlichen Rechnungshöfe?

Hier ist die Wiedergabe eines Zitats aus „Der Betrieb" 48/91 angebracht:

„Rechnungshöfe vollführen immer wieder eine Gratwanderung zwischen Einmischung und Abstinenz, Verschwiegenheit und Öffentlichkeit. In letzter Zeit aber mehren sich die Störmanöver: Das Prüfungsrecht wird bestritten, Personalräte reklamieren ihre Mitbestimmung, Gerichte werden angerufen, Rechtswissenschaftler wollen Rechnungshöfe ‚redimensionieren' oder den direkten Zugang zur Presse als verfassungswidrig versperren.

Rechnungshöfe sind aber nicht nur Garanten für die Seriosität staatlicher Finanztransaktionen, sondern auch ein Gütesiegel für einen funktionierenden Verfassungsstaat."

3. Unzureichende strafrechtliche Bestimmungen

Strafrechtliche Bestimmungen erfüllen eventuell eine gewisse Ordnungsfunktion – Verwarnungen, Bußgelder, Steuerstrafverfahren, Betrug und Unterschlagung: Für den Bürger ist an alles gedacht. Aber öffentliche Verschwendung, Mißwirtschaft mit Steuergeldern – da gibt es noch nicht einmal eine Anklage. Der „Gleichheitsgrundsatz" des Grundgesetzes greift hier offenbar nicht. Die Abgeordnetenimmunität läßt die Schamröte der Kriminalität kaum jemals aufkommen. Die „Renten-Selbstbedienungen" von Abgeordneten sind dazu nur ein Beispiel. Im Strafrecht der Bundesrepublik gibt es keine Sanktionen für eine offensichtliche Vergeudung von Steuergeldern.

4. Wirtschaftlichkeitsberechnungen und Kosten-Nutzen-Überlegungen sind bei den öffentlichen Ausgaben Rarität. Während jeder Privathaushalt, jede Unternehmung für ihre Ausgaben in der Regel Prioritäten nach Nutzen und Wirtschaftlichkeit setzt, unterliegen öffentliche Ausgaben der politischen Willensbildung, Partei- und Gruppeninteressen und – in letzter Zeit immer stärker – dem Prestige-Denken. (Einziges Gegenargument: Zwei Dienstwagen der Oberklasse fahren schließlich doppelt soviel Mineralölsteuer ein wie einer).

Es scheint auch hier wieder das „Naturgesetz" zu gelten, daß wenigstens bei überschaubaren Beträgen Wirtschaftlichkeitsüberlegungen noch leidlich beherrschbar sind, doch etwa ab 1 Milliarde DM wird es kritisch. Es sieht so aus, als ob dann das Denken total blockiert ist. So fährt seit Jahrzehnten die Deutsche Bundesbahn ihre Milliarden-Verluste ein, bis zum Jahr 2000 werden das 200 000 000 000 DM. Mehr oder weniger regelmäßig erscheint dazu eine Glosse in der Presse, Personalwechsel – was soll's? Ob die Rechtsform der Aktiengesellschaft wohl zukünftig etwas daran ändert?

Die Haushalte von Bundesbahn und Bundespost zählten bzw. zählen übrigens ebenso wie der Fonds „Deutsche Einheit" zu den Schattenhaushalten des Bundes. „Die Regierung verschafft sich damit Spielräume und entzieht sich der umfassenden parlamentarischen Kontrolle (Handelsblatt 30.11.91). Wer kannte schon das nicht betrieblich genutzte Grundvermögen der Deutschen Bundesbahn?

Nun können öffentliche Ausgaben, wenn sie denn aus gedeckten Einzelhaushalten bezahlt werden, den Bürger eigentlich nicht sonderlich aufregen. Anders ist es da schon, wenn Schuldenwachstum zur Regel wird: Die Schulden des öffentlichen Sektors werden sich in der Bundesrepublik zum Ende des Jahres 1995 auf insgesamt 2 256 Milliarden

DM belaufen, gegenüber 675 Milliarden DM im Jahre 1982 und 1 310 Milliarden DM im Jahre 1990. Auf jeden Einwohner entfallen dann 1995 schon 28 325 DM Staatsschulden (HB 31.3.92).

So ist eigentlich der Gedanke naheliegend, daß bei einem Schuldenanstieg von mehr als 1 500 000 000 000 DM innerhalb von zehn Jahren etwas getan werden muß. Es soll Vorsätze geben, Sparpläne, aber was das „Beruhigende" an der Sache ist: Ein Staatsbankrott findet nie im Ministerium, immer nur zu Lasten der Bürger statt.

Man muß der Situation zugute halten, daß zum Teil einmalige Sonderereignisse Anlaß für den hohen Schuldenstand gaben. Es waren dies die Wiedervereinigung der beiden Teile Deutschlands und der Finanztransfer zum Ausgleich von Folgekosten unter anderem an die UdSSR beziehungsweise Rußland, Folgekosten durch Zuwanderung und anderes mehr. Trotzdem wird dadurch das Finanzbild nicht beschönigt. Ostkredite werden notleidend. Auf den Gedanken, Kredite – beispielsweise durch Pfand- beziehungsweise Explorationsrechte an Bodenschätzen – absichern zu lassen, kommt scheinbar niemand, obwohl bei den Banken für jeden Eigenheimbau der Grundsatz gilt: Kein Baukredit ohne Absicherung durch Grundpfandrechte.

Bei den Zahlungen an Länder des früheren Ostblocks kann nicht unerwähnt bleiben, daß – wenn schon bei Finanztransfers im „Westen" manchmal die Übersicht „verloren geht" – dort insbesondere für Außenstehende jede Kontrollmöglichkeit fehlt. Vermutungen sind nicht von der Hand zu weisen, daß Ostblockländer – ebenso wie Entwicklungsländer – selbst oder über eigene Firmen Auslandsguthaben unterhalten. Den ausländischen Gläubigern gegenüber werden aber stets die Zahlungsschwierigkeiten präsentiert.

So ist es denn „beruhigend" zu wissen, wieviel Geld gezahlt wurde und an wen, nicht aber, in welcher wirtschaftlichen Effizienz es im einzelnen Verwendung findet. Bezeichnend für diese Einstellung ist die wiederholte Erklärung höchster deutscher Regierungsstellen, daß die Bundesrepublik Deutschland die Grenzen ihrer Leistungsfähigkeit erreicht habe. Immerhin hat Deutschland von 69,3 Milliarden ECU Zahlungen an Rußland allein 38,3 Milliarden ECU, also ca. 78 Milliarden DM übernommen.

Einen bezeichnenden Fall für den Mißbrauch von Transferzahlungen stellt die Abrechnung über den sogenannten „Transferrubel" dar.

Bis zum Stichtag 30. Juni 1990, mit Sondergenehmigungen auch später, konnten aus Ostgeschäften Guthaben in Rubel angesammelt werden, die zum Kurs von 2,34 DM umtauschbar waren. Der Bundesrechnungshof stellte dazu erhebliche Mängel in der Kontrolle des Systems und Mißbräuche, beispielsweise durch Scheingeschäfte, überhöhte Exportpreise und rückdatierte Verträge, fest. Dabei hätten sich bei Verlusten bis zu zweistelliger Milliardenhöhe eine bessere Kontrolle und strafrechtliche Verfolgung sicherlich gelohnt. 26 Milliarden DM Schaden sollen nach Erkenntnissen der Berliner Polizei möglicherweise durch die sogenannte DDR-Regierungs- und spätere Vereinigungskriminalität entstanden sein.

Hat schon der Bundesrechnungshof seine Not, Erkenntnisse zum Thema „Verschwendung von Steuergeldern" durch- und umzusetzen, der Bund der Steuerzahler steht da noch weniger rechtlich abgesichert da. Im Grunde genommen kann er nur die öffentliche Meinung mobilisieren, was ihm allerdings auch in vielen Fällen gelingt. Zusammen mit einem namhaften Wirtschaftsmagazin „verleiht" er für ausgewählte Fälle öffentlichrechtlicher Schlamperei das „Faß ohne Boden", fürwahr, ein rechtes Nonsense-Symbol. Es würde den Rest dieses Buches mit einer makabren Heiterkeit füllen, wollten wir hier die lange Reihe der Fälle aufzählen, in denen der „ökonomische Unsinn" Pate stand bei Finanztransaktionen auf dem öffentlichen Sektor.

Die nachfolgenden Fälle möchte ich jedoch als Bespiele nennen:

- Ausbau des Deutschen Bundestages in Bonn, veranschlagte Kosten wuchsen noch vor der Wende von 88 auf 210 Millionen DM.
- Vernichtung unbrauchbar gewordener Medikamente in Heidelberg: 600 000 DM.
- Sauna im Amtsgericht Norderstedt (SH): 25 000 DM.
- Überflüssige und zu teure Beschaffungen der Bundeswehr: 1,4 Milliarden DM.
- Unberechtigte Erstattungsansprüche der Deutsche Bahn AG 1994 in Höhe von 1,3 Milliarden DM.
- Unberechtigte Investitionszulagen in den neuen Bundesländern ca. eine Milliarde DM.

Einsparmöglichkeiten der Bundesbahn werden vom Bundesrechnungshof mit 50 Millionen DM jährlich veranschlagt, und die öffentliche Verschwendung insgesamt wird mit 50 Milliarden DM jährlich beziffert.

Fiskalpolitik beziehungsweise Sinn und Unsinn, Unwirtschaftlichkeit öffentlicher Ausgaben sind nicht nur ein Problem in der Bundesrepublik. Haushaltsdefizite, die in den letzten Jahren sprunghaft angestiegen sind, gibt es „selbstverständlich" auch in anderen Ländern, in Italien beispielsweise, und mit sehr weitreichenden Folgen für die Weltwirtschaft auch in den USA. Und dann erst die Volkswirtschaften „des anderen Systems" – Osteuropa, die afrikanischen Staaten – ja, eigentlich ist es kaum zu glauben, geordnete Verhältnisse in öffentlichen Haushalten drohen zur Ausnahme zu werden, wenn wir in dieser Reihe auch noch die Entwicklungsländer aufführen.

Dabei gäbe es bei genauer Betrachtung Instrumente und Hilfsmittel zur Genüge, ökonomisch Sinnvolles zu tun. Wirtschaftlichkeitsrechnungen und Kennziffern sind in der Regel in der Lage, den richtigen einzuschlagenden Weg aufzuzeigen. Sollten also Regierungen Gesetze und Verordnungen initiieren und durchsetzen: Die Verordnung, die Wirtschaftlichkeitsrechnungen und zahlengestützte Entscheidungen zur Pflicht zu machen, sollte an erster Stelle stehen!

6. Ökonomischer Unsinn im betriebswirtschaftlichen Bereich

Die ursprünglichen Keimzellen wirtschaftlicher Aktivität sind die Unternehmen und Betriebe in allen Branchen. In ihrer Gesamtheit tragen sie im wesentlichen das Wirtschaftsleben. Unternehmen und Unternehmer sorgen dafür, daß wirtschaftlich etwas „unternommen", technischer und wirtschaftlicher Fortschritt bewirkt wird. Im Endeffekt geht es darum, das Gesamteinkommen langfristig zu verbessern und zu erhöhen. So sollte es jedenfalls sein.

Management

Um es gleich vorweg zu sagen: Bewunderung gilt den Managern, die in unermüdlichem Einsatz Großes leisten, Produktion, Handel und Geldwesen zu wirtschaftlicher und sozialer Bedeutung führen, sinnvolle Arbeitsplätze schaffen und sichern und damit Motivation und Lebensraum für Millionen Menschen und Familien verwirklichen.

Bewunderung gilt ebenso jenen Managern und Unternehmen, die sich – aus welchen Gründen auch immer – unverschuldet glücklos auf diesem Sektor versucht haben, die unverschuldet einer übermächtigen Konkurrenz, radikalen Struktur- und Marktveränderungen weichen mußten, deren Unternehmen in Kriegs- oder Krisenzeiten zerstört oder zwangsweise stillgelegt wurde, und insbesondere denen, die immer wieder neu einen Anfang gewagt haben. Der heutige Stand der führenden Wirtschaftsnationen ist ohne diese erfolgreichen Manager nicht vorstellbar.

Aber: Es gibt da Erscheinungen und Strömungen, die nachdenklich stimmen. Jede Unternehmens- und Wirtschaftskrise ist ein Zeichen für Fehlentwicklungen, die oft auch dem ökonomischen Unsinn zuzurechnen sind. Da sind zunächst die Unternehmenszusammenbrüche, Konkurse, Pleiten.

Der weitaus größte Teil der Insolvenzen ist auf Finanzierungsprobleme zurückzuführen, weitere Hauptgefahr droht vom Markt – so die Statistik. Letztlich thront aber über allem das Management. Es hat normalerweise die Zügel in der Hand, damit Fehler eben nicht vernichtende Folgen haben. Fragen wir deshalb nach den eigentlichen Aufgaben des Managements.

108　Ökonomischer Unsinn im betriebswirtschaftlichen Bereich

Insolvenzen und ihre Ursachen

Wenn wir uns darauf besinnen, was ein Manager eigentlich können muß, was seine eigentliche Funktion ist, so macht sich Erstaunen breit bei dem Gedanken, wie prinzipiell „einfach" im Grunde genommen diese Aufgabe ist. Es geht in der Unternehmensführung im wesentlichen darum, erreichbare Ziele vorzugeben und diese Ziele von der bestehenden realen Basis aus zu erreichen, immer im Rahmen der Wirtschaftlichkeit. Deswegen gibt es Probleme bei den Unternehmern, die keine erreichbaren Ziele vorgeben können, die nur Sparkommissar und Verwalter ihres Unternehmens sind, und andererseits bei denen, die unerreichbare Zielvorgaben setzen, Luftschlösser bauen und ständig mit der Wirklichkeit im Clinch liegen. Zwischen diesen beiden „Extrempositionen" agiert nun die große Variantenvielfalt der Manager.

Fragen wir nach den Mitteln, mit denen das aufgezeigte Ziel erreicht werden soll, so steht im Mittelpunkt die Koordinierung der Ressourcen: des Personals und der Sachmittel. Eine der Fehlerquellen, daß Mittel fehlgeleitet und Ziele nicht erreicht werden, kann in unzweckmäßiger Qualifikation und Aktion des Managements selbst liegen.

Da gibt es zum Beispiel (vgl. Prof. Dr. H. E. Scheffler, FAZ vom 04. 11.1989)
- den Hyper-Dynamiker, er frönt der „decision by overdrive" und zeichnet sich durch provozierende Zielsetzungen für seine Untergebenen aus;
- den bürokratischen Phlegmatiker: Führungsprinzip Bonsai-Methode, jede aufkeimende Initiative wird sofort beschnitten, Entscheidungen werden bei jeder Gelegenheit verzögert;
- den optimistischen Manager-Typ: Er entscheidet auch, wenn er die Übersicht verloren hat.

Wir müssen dieses Mosaik noch um ein Bild ergänzen, nämlich das des „binären Managers" – in Anlehnung an die Ausführungen auf Seite 65. Dieser „binäre" Manager entscheidet gewöhnlich nur in einer Alternative, plus oder minus.

Gehen wir den Fehlerquellen nach, die sich aus Ungereimtheiten im Einsatz der Sach-Ressourcen ergeben, so lassen sich bestimmte Fehler nachweisen, die wiederholt gemacht werden und nur allzuoft Ursache von Krisen und Unternehmenszusammenbrüchen sind:

- Fehlen einer exakten Ursachenanalyse und als Folge davon Laborieren an den falschen Symptomen. Dazu gehört der in der Praxis immer wieder auftretende Fall, daß Unternehmen saniert werden sollen, indem man die Summe der monatlichen Verluste durch das monatliche Durchschnittsgehalt dividiert, um so den „notwendigen" Personalabbau zu ermitteln. An einem „Gesundschrumpfen" ist schon oft nicht der „Patient", sondern die Konkurrenz gesund geworden.
Wie sehr auch immer „Entlassungsmaßnahmen" oder sogenannte „Rationalisierungsmaßnahmen" auf Verständnis stoßen mögen, erstaunlich ist immer wieder, daß die sozialen Folgekosten nicht bedacht werden. Wer ein Unternehmen verlassen muß und keinen neuen Job findet, fällt den öffentlichen Kassen zur Last, vielleicht auch in die Hände, und kann damit oft auch politisch als Befürworter einer liberalen Leistungsgesellschaft abgeschrieben werden.
- Mangelnde Kapitaldeckung und Finanzierungslücken; beispielsweise wird der umgekehrte „Leverage-Effekt" (Leverage = Hebelwirkung) wirksam,
  - wenn intern die Gesamtkapitalrentabilität unter den durchschnittlichen Fremdkapitalzinssatz sinkt oder

- extern, wenn bei unveränderter Produktion der durchschnittliche Fremdkapitalzinssatz über die Gesamtkapitalrentabilität steigt.
- Untergewichtung der Marketing- und Verkaufsaktivitäten, die letztlich für den Unternehmenserfolg entscheidend sind. Es hat offenbar Generationen gedauert, bis sich im Marketing-Verständnis die Meinung durchgesetzt hat, daß letztlich für den Markterfolg entscheidend ist, ob und inwieweit Produkte vom Kunden in Preis und Qualität akzeptiert werden. Pioniererfolge gibt es allerdings schon länger, wenn man an die weltweite Akzeptanz eines amerikanischen Erfrischungsgetränkes denkt. Erst in jüngster Zeit ist auch im Management die Position des Key-Account-Managers geschaffen worden, dem intensive Pflege und Bearbeitung des Kundenkontaktes obliegt.
- Mangelnde Beherrschung der entscheidenden Fachfragen der Kostenrechnung, von denen als wichtigste hier nur beispielhaft die Fixkosten und Gemeinkosten, Betriebsgröße (break-even-point), Kostenremanenz und Grenzkosten genannt sein sollen. Letztere sind in Verbindung mit der sogenannte Deckungsbeitragsrechnung immer wieder zentraler Problemkreis der Unternehmens- bzw. Absatzpolitik.

Nun ist die Kostenführerschaft sicher ein erstrebenswertes Unternehmensziel. Sie muß nicht zwangsläufig auch zur Marktführerschaft führen. Wenn der Umsatz ausbleibt, weil zum Beispiel Marktsättigung, Überkapazitäten oder internationales Dumping gegeben sind, nützt Kostenführerschaft wenig. Auch ein Kostenführer kann in einer Fusion durch Auftragsbestände zu Billigpreisen, die in die „Ehe" eingebracht worden sind, oder durch manipuliertes Rechnungswesen in den Ruin getrieben werden.

Die Grenzkosten erinnern uns an den Grenznutzen, an die Gossenschen Gesetze, und führen eigentlich an die Kernfrage, die über jeder unternehmerischen Maßnahme stehen sollte:

Welchen Nutzen bringt sie für das Unternehmen? Und wenn sie denn schon Nutzen bringt – gibt es eine Alternative, die noch größeren Nutzen bringt?

Und die Differenz von beiden Nutzengrößen sind die „opportunity costs", die Opportunitätskosten, eigentlich die Erträge, die durch die nicht ergriffene „günstigere Gelegenheit" verloren gehen. Die optimale Chancenausnutzung setzt natürlich ein hohes Maß an Flexibilität voraus, ein Aktionsfeld, das in der Betriebs- und Unternehmenspolitik oft zu wenig berücksichtigt wird.

Auch die Bedeutung der Produktlebenszyklen wird erst in jüngster Zeit immer deutlicher erkannt und Gegenstand regulärer Aufgabenverteilung. Rechtzeitige Produktplanung, Forschung und Entwicklung können verhindern, daß „ohne Zukunft" gearbeitet wird. Sowohl fehlende Ideen als auch manchmal ein Zuviel an Ideen, was leicht zur Verzettelung der Aktivitäten führen kann, können Krisenursache sein.

Und schließlich sei an das Prinzip „Verantwortung" erinnert. Es ist am ehesten dort gewährleistet, wo Management- und Kapital-Verantwortung zusammenfallen, in einer Person begründet sind, und wo nicht ein Management unverantwortlich mit Vermögen und Eigentum anderer, der Kapitalgeber, umgeht.

Humankapital

Man hatte einen ausgezeichneten Vortrag über ein junges Familien-Unternehmen gehört, das in wenigen Jahren zu dreistelligen Millionen-Umsätzen vorgestoßen war, sozusagen „aus dem Stand heraus". Den Zuhörern „standen vor Staunen noch Nase und Mund offen", als jemand aus dem Auditorium fragte: „Worauf, Herr X, führen Sie ihren großartigen Erfolg in erster Linie zurück?" Antwort des Newcomers und Referenten: „Die Frage kann ich Ihnen schnell beantworten: Weil wir uns in der Familie so ausgezeichnet verstehen."

Damit sind Fragen des Betriebsklimas, der Unternehmenskultur angesprochen. Ein gutes Betriebsklima, Zusammenarbeit auf der Basis gegenseitigen Verstehens, gegenseitiger Achtung und Förderung ist die conditio sine qua non in einem Unternehmen. Unternehmenskultur wird sichtbar als „Gesamtheit von historisch gewachsenen, wandelbaren und gemeinsam gelebten Werten, Normen, Denkhaltungen und Meinungen, die sichtbar werden im Verhalten, in der Kommunikation, bei Entscheidungen, in Handlungen, und so weiter." (Der Betrieb 41/90).

In diesem Bereich der nicht unmittelbar in Zahlen und Definitionen darstellbaren Voraussetzungen gesunder Unternehmensführung gehört auch das Humankapital. Personalpolitik darf nicht nur als Ziel die termingerechte Auftragsabwicklung haben, die bessere Strategie ist es, Mitarbeiter nach den beruflichen Entfaltungsmöglichkeiten einzustellen, die das Unternehmen bieten kann. Das Sonderbare ist, daß dies im allgemeinen nicht gänzlich unbekannt ist. Kein betriebswirtschaftliches Lehrbuch verzichtet auf den Hinweis „Betriebsklima", und doch wird gegen keine betriebspolitische Zielsetzung so stark und so häufig verstoßen wie gerade gegen diese. Das liegt zum Teil an menschlichen Unzulänglichkeiten, Charakterschwächen, aber auch am Machtstreben einzelner.

In einer Studie über den Vergleich japanischer und europäischer Unternehmen heißt es: „Der praktizierte Manager-Zentrismus blockiert allerdings die Entfaltung der kreativen Fähigkeiten beim größten Teil der Mitarbeiter. Dieses riesige Potential liegt brach – und das ist wohl die größte Verschwendung der Europäer" (QZ 37/1992).

Bereits im Juli 1992 wurde in der Zeitschrift Capital ausführlich über Spannungen zwischen Führungskräften namhafter Großunternehmen berichtet. Die Kosten, die solche Streitereien verursachen, wurden nicht genannt. Würde man sie erfassen oder gar bilanzieren, fiele manche Bilanzkosmetik aus dem Rahmen.

Es gibt eine Vielzahl von Vorschlägen und Modellen, wie man Motivation, Neugier, Initiative und Phantasie in einem Unternehmen wecken und damit mehr bewegen kann, als direkte Anordnungen und Befehle je vermögen, nachzulesen zum Beispiel bei Tom Peters, „Jenseits der Hierarchien". Wie der Titel des Buches sagt, wird Abschied genommen vom ausschließlich hierarchischen Denken: Teamwork, Gruppenbildung, die Verbindungen zum Kunden, zum jeweiligen Projekt ist horizontal, und die Lösung dieser Aufgaben und Zielsetzungen ist für ein Unternehmen letztlich entscheidend, sie ist in jedem Fall wichtiger als die hierarchische Beziehung. Entscheidend ist auch nicht die Fixierung des Mitarbeiters auf die vorgegebene „Teil"-Aufgabe, sondern die Motivation und Selbständigkeit eines Teams bei der integrierten Problemlösung im Rahmen der Gesamtsituation. „Horizontale Prozesse, die sämtliche früheren funktionalen Tätigkeiten zu einem nahtlosen Ganzen verbinden, werden dadurch die Hauptgrundlage für Wirtschaftstätigkeit und Wertschöpfung bilden". Beispielsweise soll Produktentwicklung nur in enger Verbindung zum Kunden stattfinden. Besondere Anforderungen an Lernbereitschaft, Wissen, Intelligenz und Vertrauen

Humankapital 113

werden in Zukunft an Management und Mitarbeiter gestellt, erwartet Tom Peters.

Zwei Begriffe, die erst in den letzten Jahren immer häufiger in Schrifttum und Presseinformationen auftauchen, sind „Management-Buy-Out" (MBO) und „Outplace-Management" oder auch „Outplacement". Sie weisen ebenfalls auf prinzipielle Ungereimtheiten und Unvollkommenheit im Management hin.

Im Fall des MBO kaufen Manager eines Krisenunternehmens einen Teil oder alle Anteile ihres Unternehmens auf, um es in eigener Regie und auf eigenes Risiko (weiter-)zu führen. Als Frage taucht natürlich auf: Warum nicht gleich so?

Beim Outplace-Management (oder Outplacement) haben wir es auch mit einem Vorgang zu tun, der sich wiederum außerhalb des eigentlichen Unternehmens abspielt. Man versteht unter Outplacement die berufliche Freisetzung eines Managers als Ausgangspunkt neuer Herausforderung. Es geht nicht um Abfindungssummen, sondern um ein neues Aufgabenfeld. Führungs-Know-how und Führungspotential sollen umverteilt werden. Durch möglichst zeitig einsetzende Beratung sollen Stärken und Schwächen des Kandidaten analysiert und persönliche Ziele erarbeitet werden. Nicht die Outplacement-Beratung an sich stößt dabei auf kritisches Interesse, sondern die Tatsache, daß es überhaupt – bei mutmaßlich gutem Unternehmens-Management – dazu kommen muß. Ursache wiederum kann ein sogenanntes Machtmonopoly ein, das von einzelnen oder mehreren „Führungskräften" gespielt wird.

Eines der bedenklichsten Phänomene auf dem Aktionsfeld, Geltungsbedürfnisse rücksichtslos auszuspielen, ist das sogenannte „Mobbing". Es handelt sich dabei um die Ausgrenzung von Mitarbeitern mit Hilfe von „Getuschel" und Intrigen hinter dem Rücken des Opfers, über Anschreien und Ignorieren bis hin zum Verleumden, mit der Folge, daß das „Opfer" zum „Patienten" wird und psychosomatische Störungen auftreten. Dadurch für die Wirtschaft entstehende Schäden werden in Milliardenhöhe geschätzt.

Solche und andere „Mißstimmungen" in einem Unternehmen können dann schnell zur „inneren Kündigung" der Betroffenen führen. Es ist beinahe überflüssig zu betonen, daß wir es hier mit gravierenden Fehlentwicklungen zu tun haben. Demotivation und Frust bewegen nichts in einem Unternehmen. Organisation und Management haben die Aufgabe, die Mitarbeiter zur Aufgabenlösung hin-, und nicht durch sogenannte „Sozialpläne" wegzuführen. Eine innere Kündigung verstärkt außerdem die in unserer modernen „Kommunikations-Gesellschaft" sowieso schon latent vorhandene Gefahr, daß „Außenbeziehungen" eines Beschäftigten gegenüber „Innenbeziehungen" dominant werden. Gemeint ist damit, daß zwar Innenbeziehungen im Unternehmen durch Dienstvertrag und ähnliches geregelt sind, fast jeder Mitarbeiter (X) durch externe zivilrechtliche Verträge, insbesondere durch Vereins- oder Verbandsmitgliedschaften, Sportvereine, Berufs- und Standesorganisationen mit Mitarbeitern anderer Unternehmen (Y) enge Kontakte pflegt, die proportional zu wachsenden Mißständen im eigenen Unternehmen immer enger werden können. So sieht der „ungewollte" Informationsfluß unserer „datengeschützten" Industriegesellschaft aus. Vertrauensverhältnisse, auch wenn sie im Rahmen der Datenschutzbestimmungen verbindlich festgelegt scheinen, können durch enge externe Beziehungen schnell zu einem Gefährdungspotential pervertieren.

Es liegt in der Natur der Sache, daß in großen Unternehmen mit vielen Beschäftigten dieses Problem besonderes Gewicht hat. „X und Y", das ist der Stoff, aus dem die „Seilschaften", ja, manchmal auch „Trojanische Pferde" sein können. Selbstverständlich, und das soll nicht unterschlagen werden, können auch nützliche Informationen und positive Anregungen von solchen Kontakten ausgehen.

Organisation und Kontrolle

Ging es bisher vor allem um Fragen des Managements und der Hierarchien, so soll das Augenmerk im folgenden in erster Linie auf die Realisierung und den Vollzug der betrieblichen Abläufe gerichtet sein, auf Organisation und Kontrolle.

Zum Thema Organisation möchte ich mich nur auf den Hinweis beschränken, daß Fehler in der Organisation sich leicht als eigentliche Ursache ökonomischen Unsinns erweisen können, erinnert sei an Fehlorganisation, Überorganisation, Überforderungen, Unterforderungen sowie Informationsdefizite. Voraussetzung für sinnvolle Arbeit sind Management und Organisation. Organisation ist neben Arbeit, Kapital und Boden ein Produktionsfaktor.

In einer wachsenden Wirtschaft mit zunehmender Größe der einzelnen Unternehmen und Gesellschaften wird Konzernpolitik zu einem Problemfeld wachsender Bedeutung. Da ist zum Beispiel der Gewinnabführungsvertrag. Für den Konzern kann er zur Überlebensfrage werden, wenn unvermeidbare Verluste bereichsweise ausgeglichen werden müssen; für die einzelne Tochtergesellschaft kann er zum Verhängnis werden, da Entwicklungsmöglichkeiten ohne Finanzierungsbasis durch Gewinne erheblich eingeschränkt sein können.

Eng mit organisatorischen Fragen hängen Kontrollmöglichkeiten zusammen. „Vertrauen ist gut, Kontrolle ist besser" – ist ein „geflügeltes" Wort. Aber Kontrolle darf nicht zum Unsinn verkommen, wie wir schon in einem früheren Abschnitt gesehen haben. Was wird in der realen Betriebspraxis nicht alles kontrolliert? Verbrauch an Energie, Betriebsmitteln, Spesen muß natürlich beobachtet werden; wenn man aber Materialschwund zur Vorstandssache macht, wird das Management von wichtigen Problemen abgelenkt, und nicht nur das: Unfähigkeit, Fehleinschätzung der Probleme, Unzulänglichkeiten der Organisation werden für jeden Betrachter erkennbar. Das Erbsenzählen" kann bisweilen die Form einer Groteske annehmen:

„Ihre Notiz können wir nicht nachvollziehen. Es handelt sich hier um ein *einmaliges* Trinkgeld in Höhe von 4,– DM, welches ausweislich Ihrer Reisekostenabrechnung bezahlt wurde. Eine Durchschnittsrechnung für zwei Reisetage ist daher völlig unangebracht. Wenn Sie nur 3,– DM Trinkgeld gegeben haben, stellt sich die Frage, warum 4,– DM Trinkgeld in der Abrechnung aufgeführt sind. Wir unterstellen insoweit bei der Abrechnung Unwissenheit auf Ihrer Seite und erstatten ausnahmsweise das verauslagte Trinkgeld."

Es gibt also Unternehmen und Behörden, wo mutmaßliche Unwissenheit belohnt wird!

Dagegen können fehlende Kontrollen gerade bei Personen, die über weitreichende Vollmachten verfügen oder direkt Zugang zu Finanzmitteln haben, zu großen, oft zu spät registrierten Verlusten führen. Mehrstellige Millionenbeträge können so verschwinden, wie eingangs bereits erwähnt. (Abbildung Seite 116)

„Controlling" in den Unternehmen hat in den letzten Jahrzehnten einen Wandel erfahren, von der reinen Kontrollfunktion hat sich die Zielvorstel-

116 Ökonomischer Unsinn im betriebswirtschaftlichen Bereich

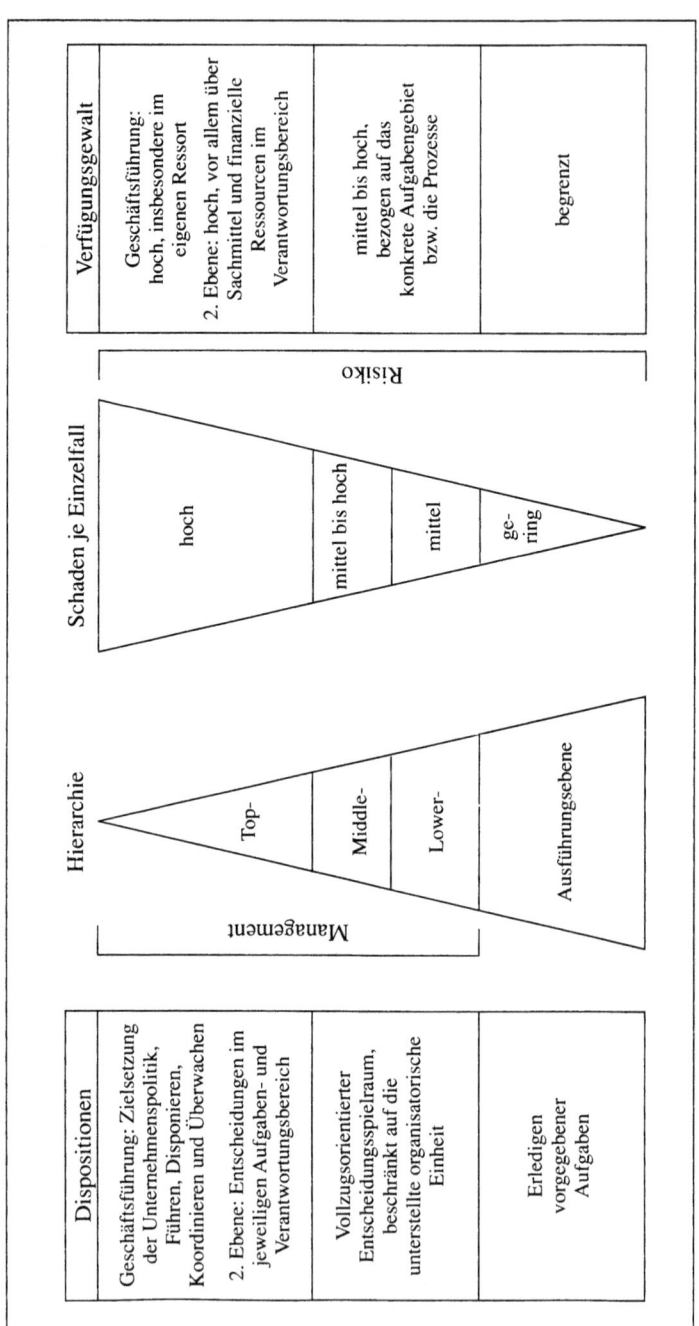

Quelle: „Der Betrieb" 47/90

Dispositions- und Verfügungsgewalt sowie Zusammenhang zwischen der Schadenshöhe bei Veruntreuungen von Firmenmitteln im Einzelfall in Abhängigkeit von der Rangstellung im Unternehmen

Organisation und Kontrolle 117

lung bis hin zur Führungsfunktion entwickelt. Der Controller kann bisweilen sogar die Rolle eines Konfliktmanagers übernehmen. Strategisches Controlling ist angesagt.

Fazit: Hier sind echte Ansätze, mögliche Fehler in ihren Ansätzen von Anbeginn der Maßnahmen zu vermeiden, sie gar nicht erst aufkommen zu lassen – ein sinnvoller Weg *wider* den ökonomischen Unsinn.

Und nicht zuletzt gilt im Unternehmen ganz allgemein, ein Postulat, das uns schon eingangs beschäftigt hat: Maßhalten! Verstöße dagegen haben auch im Unternehmen immer schon zu Negativ-Entwicklungen geführt: Unternehmensgröße, Mengen, Preise, Kosten; Investitionen müssen auch in ihren Folgen und Folgekosten überschaubar bleiben. Es darf nicht dazu kommen, daß das einzige positive Ergebnis einer Investition die Provision oder die „Prozente" sind, die dem Privatkonto des Bestellers gutgeschrieben werden; das ist oftmals die einzige Erklärungsmöglichkeit für Fehlinvestitionen.

Fast alle einschlägigen Lehrbücher wissen über spezifische, umfassende und verschiedenartige Investitionsrechnungs-Methoden und -Formeln zu berichten. Ziel ist jeweils, Ergebnisse von durchzuführenden Investitionen möglichst exakt im voraus zu errechnen und die Rendite möglichst gesichert auszuweisen. Nur die Fälle, in denen gar keine Rendite entsteht, oder, noch schlimmer, die Investitionen à fonds perdu abgebucht werden müssen, werden, wenn überhaupt, nur am Rande erwähnt. Dabei sollten gerade ihre Ursachen interessieren:

- zu geringe Investitionen, die das Ertragsziel nicht erreichen lassen,
- Überinvestitionen, die nie eine Kapazitätsauslastung ermöglichen werden,
- Fehlinformation als Ausgangsbasis,
- Fehlschätzungen und falsche Erwartungshaltung, zum Beispiel bei Umsatzgrößen, Preisen und Absatzzahlen, die am Markt für die zu erzeugenden Produkte nicht zu erzielen sind,
- keine ausreichende Abstimmung mit anderen Bereichen im Unternehmen, Konzern, Behörde,
- Überholung der Investitionsentscheidung durch andere Globalentscheidungen, zum Beispiel über grundlegend andere Technologien, Neuorganisation, Fusion, Verkauf des Unternehmens,
- neue Erfindungen, neue Technologie

118 Ökonomischer Unsinn im betriebswirtschaftlichen Bereich

- Nichtbeachtung oder Unterschätzung von Folgekosten und/oder technischem Verschleiß,
- Modewechsel, Markt- und Nachfrageänderungen,
- fehlende einschlägige Erfahrungen.

Die Konkurrenz kopieren kann schon zuviel sein; gar nichts tun ist meist zuwenig, und selbst technologische Innovation darf nur soweit in die Verfahren und Produkte eingehen, wie sie vom Kunden akzeptiert wird. Wenn für den Kunden das Mehr an „High-Tech" nicht zu einem entsprechenden Nutzenzuwachs führt, kann aus einem Zuviel an Innovation schnell eine sogenannte „Technologiefalle" werden.

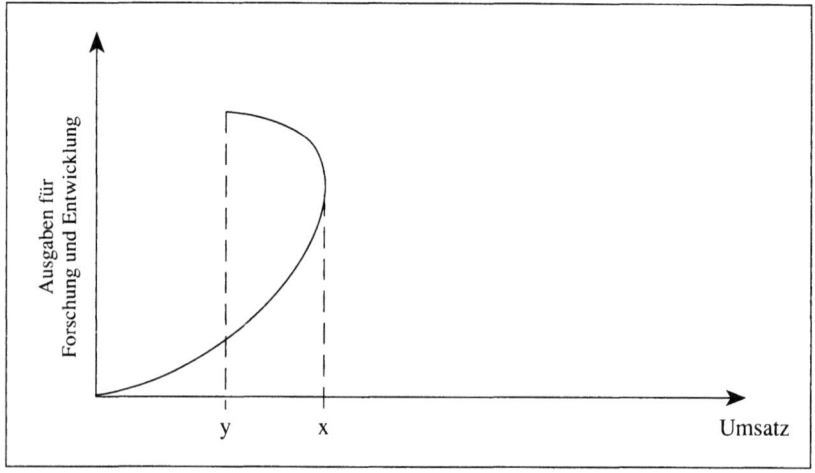

Umsatzrückgang x – y durch marktferne Hochtechnologie
(Technologiefalle)

Haben wir uns bisher vor allem auf die unternehmensbedingten Faktoren und Einflüsse bei der Entstehung von Fehlentwicklungen, von ökonomischem Unsinn, beschränkt, so sollten wir nun auf die Umstände zu sprechen kommen, die dem Unternehmen quasi von außen vorgegeben werden, den externen Faktoren.

Externe Vorgaben für das Unternehmen

Eigentlich gibt es eine fast unübersehbare Fülle von gesetzlichen und kommerziellen Vorschriften und Regelungen, wie in einem Unternehmen das Rechnungswesen zu gestalten ist. Fragen der Kostenrechnung hatten wir bereits angeschnitten. Einheitlich zwingend geregelt ist dabei das wenigste. Die Art der Kostenrechnung und Kalkulation steht im Ermessen des jeweiligen Unternehmens, nur insofern ist der Handlungsspielraum eingegrenzt, als die „Grundsätze ordnungsgemäßer Buchführung" (GOB) gewahrt sein müssen, will man sich nicht zivil- oder steuerrechtliche Nachteile einhandeln. Zu den GOB gehören im wesentlichen die Bilanz- und Erfolgsrechnung, die Beleggebundenheit, die kontinuierliche Wertfortschreibung.

Eigentlich geht schon von der Bilanz eine gewisse Ungereimtheit aus. Nach § 5 EStG „sind steuerrechtliche Wahlrechte bei der Gewinnermittlung in Übereinstimmung mit der handelsrechtlichen Jahresbilanz auszuüben". Das ist der Grundsatz der Maßgeblichkeit der Handelsbilanz für die Steuerbilanz.

Umgekehrt gibt es einen „Grundsatz der umgekehrten Maßgeblichkeit", nämlich der Steuerbilanz für die Handelsbilanz. Angeführt wird hierzu unter anderem der Fall des § 4 d Abs.2 EStG, wo rein steuerliche Rückstellungen gebildet werden können, wenn sie auch in der Handelsbilanz angesetzt werden.

„Eure Rede sei: ja, ja oder nein, nein" (Matth. 5. 37). Im Rechnungswesen heißt es „jain".

Eindeutige Definitionen oder Verfahrensregelungen sucht man weitgehend vergebens. Allein die Literatur zu Bewertungsfragen füllt Bände! Unternehmenskäufe, -verkäufe, das Umwandlungssteuerrecht ermöglichen immer wieder neue Bewertungsansätze einzelner Wirtschaftsgüter.

Auch die Unternehmensbewertung als Ganzes gestaltet sich alles andere als eindeutig. An gültigen Richtlinien für die Unternehmensbewertung in Deutschland, Österreich und in den USA werden allein dreizehn (!) Verfahren unterschieden:

Als wichtigste Verfahren sind zu nennen:
- das Substanzwertverfahren
  Es wird der reale Substanzwert (Gebäude, Maschinen, Vorräte und andere Vermögenswerte abzüglich Schulden) ermittelt.

- das Ertragswertverfahren
  Ihm liegen die kapitalisierten Erträge zugrunde.

- das Amortisationsverfahren
  Dieses geht von der Überlegung aus, ob sich der Kauf eines Unternehmens in einem vom Investor veranschlagten Zeitraum gelohnt, die Investition sich amortisiert hat.

- Cash-flow-Kapitalisierung
  Ähnlich wie beim Ertragswertverfahren werden hier die Cash-flow-Beträge kapitalisiert.

Man muß der Entwicklung zugute halten, daß sich das International Accounting Standards Committee, London, um die weltweite Harmonisierung der externen Rechnungslegung bemüht. Einflußfaktoren sind im übrigen die Beurteilung der konjunkturellen Entwicklung sowie die Rolle des Marktes für das jeweilige Unternehmen. Risiko-Situation und Zukunftserwartungen tun ein übriges, um Bewertungsverfahren in die Nähe des Roulette zu rücken. Die Folgen unterschiedlicher Bewertungsvorschriften im In- und Ausland über den Ausweis nicht realisierter Gewinne beziehungsweise Verluste in der Bilanz können einen internationalen Konzern in seinen Fundamenten erschüttern lassen, wie ein aktueller Krisenfall beweist.

Defizite in der Bewertung tun sich auf, wenn wir an fehlende Bewertungsmöglichkeiten für das „Humankapital" denken oder an die Bewertung eines schlechten Betriebsklimas. Vorschriften fehlen im übrigen auch für die Bewertung technischer Verfahren, obwohl Fortschritt, Innovation, ja, „High-Tech" geflügelte Worte unseres Wirtschaftsverständnisses geworden sind. Die „technische Bewertung" sollte vor allem dann nicht vergessen werden, wenn (noch!) Gewinne mit überholter Technologie erwirtschaftet werden.

Aber selbst bei der Bewertung von Forderungen können sich erhebliche Differenzen auftun, wenn Wertverluste mit Anschaffungskosten für Beteiligungen kompensiert werden.

Der Gewinnbegriff selbst ist eine schillernde Größe, da brauchen wir erst gar nicht den oft synonym gebrauchten Begriff der „Profite" zu bemühen. Es gibt zwar (scheinbar) gesicherte Definitionen, wie denn nun der Gewinn zu ermitteln sei, zum Beispiel im § 4 EStG, nach Grundsätzen ordnungsgemäßer Buchführung, aber damit ist über Eigenart und Charakter von Gewinnen noch nichts gesagt.

Ganz wesentliche Beurteilungskriterien für ein Unternehmen sind Auftragsbestände und Ausschußkosten. Beide erscheinen weder in der Bilanz noch in der Gewinn- und Verlustrechnung. Eigentlich muß man staunen, wie wenig gesichert der Informationswert von Abschlußberichten und Bilanzen gewerblicher Unternehmen ist. In der Regel wird ein „Testat" immer erteilt, uneingeschränkt oder eingeschränkt, in jedem Falle ist es ein Testat. Dann darf allerdings kein Erstaunen aufkommen, wenn man abends noch eine „gesunde" Bilanz in den Händen hält und am anderen Morgen in der Zeitung liest, daß auf einmal mehrere hundert Millionen DM, ja sogar das ganze Eigenkapital verschwunden ist: weg, einfach weg!

Aber an der Veröffentlichungspflicht wird nicht gerüttelt! Großunternehmen als GmbH und Aktiengesellschaften müssen ihren Jahresabschluß veröffentlichen, in der Regel im Bundesanzeiger. Es genügt, wenn man die Bilanz hinterlegt. Einige Unternehmen machen das so, andere anders, einige weisen Gewinne aus, andere nicht. Die „Kleine Kapitalgesellschaft" ist von der Prüfungspflicht befreit, muß aber veröffentlichen. Sie veröffentlicht also einen ungeprüften Jahresabschluß!

Jedenfalls gelten diese – wenn auch unterschiedlichen – Regelungen für die erwähnten gewerblichen Unternehmen. Andere Gesellschaften und Vermögensmassen, die ihren zum Teil „unermeßlichen" Reichtum aus Zahlungen und Beiträgen breiter Bevölkerungskreise beziehen, veröffentlichen nicht. Politische Parteien, Krankenkassen, Gewerkschaften, Kirchen, Sozialversicherungen, Stiftungen, Berufsgenossenschaften, Technische Überwachungsvereine, Kammern und Berufsverbände bleiben in ihrer Vermögens- und Ertragskonstellation für die Öffentlichkeit tabu, wenngleich berechtigte Rückfragen in der Regel nicht unbeantwortet bleiben.

Aus dem Publizitätsgesetz geht hervor und zugleich im § 3 VStG ist aufgeführt, wer und was sich alles der Veröffentlichungspflicht, gleichzeitig auch der Vermögenssteuerpflicht entzieht. Da bereiten Reichtum, Geld, Gewinn und Spesen ungetrübte Freude. Ähnlich verhält es sich mit dem Vermögen der öffentlich-rechtlichen Gebietskörperschaften: Bund, Länder, Gemeinden, und vielleicht sollte man auch die Europäische Gemeinschaft nicht unerwähnt lassen.

122 Ökonomischer Unsinn im betriebswirtschaftlichen Bereich

Ständig ist die Rede von der als zu hoch angesehenen öffentlichen Verschuldung, über die öffentlichen Vermögenswerte, Grundbesitz und Wertpapiere, wird in der Presse so gut wie nichts verlautbart. Die Vertreter der Wirtschaft, ihrer Organisationen und Verbände nehmen ihre einseitige Veröffentlichungspflicht hin – aber was sollen sie auch machen, wenn Unternehmer nur mit sieben Prozent im Bundestag vertreten sind? Dabei leisten sie einen maßgeblichen Beitrag zur Gestaltung der Wirtschaftskraft der Nation.

So gibt es, wenn wir das Fazit ziehen, viel zu tun in der Reformierung eines aussagefähigen Rechnungswesens, nicht nur in der gewerblichen Wirtschaft, auch im jahrhundertealten kameralistischen Rechnungswesen der öffentlichen Haushalte, das sich im wesentlichen auf eine Einnahmen/Ausgaben-Rechnung beschränkt.

Abgesehen von der jeweiligen Konkurrenzsituation, von – wie auch immer gearteten – Präferenzen oder von Zwängen, die mit der Betriebsgröße zusammenhängen, soll hier einmal auf ein Problem hingewiesen werden, das eminent bedeutsam ist, in der Regel aber negiert bzw. verharmlost wird.

Man könnte es mit dem Begriff „Branchenrentabilität" treffend charakterisieren. Bei allem Respekt vor der volkswirtschaftlich sicher wichtigen Aufgabe und Arbeit der Banken kann man nicht umhin festzustellen, daß zum Beispiel bei der Begebung einer Anleihe an speziellem Arbeitsaufwand lediglich erforderlich ist, einige Vertragstexte auszuarbeiten und den Verkauf der Papiere in der Regel über die Börse zu arrangieren. Bei einer Anleihe von beispielsweise 400 Millionen DM und 5 Prozent Disagio sind da 20 Millionen DM relativ rasch als Gewinn realisiert. Je nach Aufnahmefähigkeit des Marktes läßt sich die Aktion problemlos zeitlich verschieben.

In anderen Branchen ist das anders. Beispielsweise im Maschinenbau sind zunächst – in der Regel umfangreiche (Marketing-) Recherchen erforderlich, es folgen Skizzen, Entwürfe, Konstruktionen, und alles muß praxis- und kundengerecht sein, Zukaufteile müssen dem Markt in der gewünschten Qualität termingerecht bereitgestellt werden können. Die Neuentwicklung muß in den Fertigungsprozeß integriert werden, das Endprodukt muß nicht nur „funktionieren", es muß auch sonst qualitativ einwandfrei sein, und – das ist das Wichtigste – es muß dem Kunden gefallen und auf dem Markt seinen Preis wert sein. Das einmal initiierte Projekt läßt sich nicht beliebig zeitlich verschieben – wenn man es nicht gänzlich gefährden will.

Diese Branchenunterschiede (Produktion – Dienstleistungen – Handel) werden in ihrer vollen Bedeutung in der Regel nicht mit der notwendigen Klarheit erkannt. Das kann zu erheblichen Fehleinschätzungen in betriebs- und volkswirtschaftlicher Hinsicht führen, nicht zuletzt auch im Hinblick auf Beschäftigungspolitik sowie Belastbarkeit mit Zinsen und Steuern.

Es gehört zu den Eigenarten einer marktwirtschaftlichen Wettbewerbsordnung, daß zwischen den Unternehmen ein ständiger Ausleseprozeß stattfindet; abgesehen von den vielfältigen möglichen Ursachen interessiert uns jetzt die Tatsache, daß in bestimmten Fällen mit der Liquidation eines Unternehmens ein erheblicher volkswirtschaftlicher Werteverlust verbunden sein kann. In vielen Fällen sind sich die Beteiligten zwar der Problematik bewußt, oft wird aber zu der letzten Möglichkeit gegriffen, Liquidation durch Zerschlagung des Unternehmens zu betreiben, ohne hinreichend bedacht zu haben, daß die Gesamtheit eines Unternehmens immer mehr wert ist als die Summe seiner Einzelteile. Dabei wird auch der Wert des „lebenden Inventars" nicht bedacht: Eine optimal kooperierende Belegschaft, vorhandenes Know-how gehen dann oft unwiederbringlich verloren.

Liquidation eines Unternehmens kann durch Tod oder Erbfall erforderlich werden. Es ist eine in der Natur der Sache liegende Regelung unseres Zivil- beziehungsweise Gesellschaftsrechts, daß Kapitalgesellschaften unabhängig von der physischen Existenz ihrer Anteilseigner weiterexistieren, Personengesellschaften jedoch aufhören, Gesellschaft zu sein, wenn nur noch ein Gesellschafter übrig bleibt und Erben nicht die Rechtsnachfolge als Gesellschafter nach dem Erblasser antreten.

Durch Tod des beziehungsweise der Firmeninhaber(s) und nachfolgende Erbstreitigkeiten haben schon blühende Unternehmen ihr Ende gefunden. Das ist immer auch ein volkswirtschaftlicher Verlust.

Nicht immer wird dem „ökonomischen Unsinn" freier Lauf gelassen. Es ist im positiven Sinne festzustellen, daß sich in zahlreichen Fällen über erfahrene Unternehmensberater Lösungen finden lassen, die nicht nur den Betroffenen im engeren Sinne gerecht werden, sondern gleichzeitig auch die Vernichtung volkswirtschaftlicher Werte weitestmöglich unterbinden.

Gründung von sogenannten Auffanggesellschaften, Umwandlung in Kapitalgesellschaften, Kommanditgesellschaften, Veräußerung und Fusion und anderes mehr sind einige der Möglichkeiten, die sich anbieten.

Diese Problematik zeigt sich auch Anfang der 90er Jahre in den neuen Bundesländern. Optimalen Problemlösungen stehen andererseits auch kritische Fälle gegenüber. Man ist um Schadensbegrenzung bemüht. Doch sind hier nachhaltig Phantasie und Engagement der Akteure, der Treuhand, der Verwaltung und auch des Gesetzgebers gefragt. Eine vergleichbare Situation ähnlich wie bei einer reinen Personengesellschaft bzw. Einzelfirma kann sich auch bei einer personenbezogenen Kapitalgesellschaft ergeben, beispielsweise bei einer sogenannten Ein-Mann-GmbH. Der Gesetzgeber ist gefordert, Regelungen zu finden, auf schnelle und unbürokratische Weise Beteiligungskapital zu mobilisieren.

Insofern läßt sich nur bedingt die kritische Frage stellen, weshalb denn überhaupt noch Gesellschaften mit persönlicher Haftung zu gründen seien – wenn sie die erwähnten besonderen Probleme bei ihrer Auflösung aufweisen. Schließlich sind es die Kapitalgesellschaften, insbesondere die Gesellschaften mit beschränkter Haftung, die in den letzten hundert Jahren ihren Siegeszug um die ganze Welt angetreten haben.

Fazit: Mit diesem Abschnitt haben wir eines der Haupt-Aktionsfelder für den „ökonomischen Unsinn" unter die Lupe genommen. Fokussieren wir noch einmal die zentralen Ursachen, so stellen wir im *Humanbereich* fest, daß nicht immer „homines oeconomici" am Werk sind, wenn es um Führungsqualitäten und Betriebsklima geht. Kontrollen, sinnvolle Kontrollen sind angesagt. Ursachenforschung, Fehleranalysen, also Retrospektive, ist ebenso wichtig wie der klare Blick in die Zukunft, die realistische Zielsetzung und Planung, und die praxisgerechte Umsetzung.

Wer aus diesen wenigen zentralen Begriffen auf eine Simplizität der Unternehmensführung schließen möchte, irrt! Aber sich diese Problemstellungen ständig vor Augen zu halten, kann wie ein Kompaß in der unübersehbaren Weite einer bewegten See sein.

7. Ökonomische Fehlleistungen der privaten Haushalte

Auch private Haushalte sind nicht frei vom ökonomischen Unsinn. Scherzhaft wird beschrieben, wie man sein Geld loswerden kann: Am schnellsten geht es mit Glücksspielen, am angenehmsten mit ... na, Sie wissen schon, am sichersten: Das kommt darauf an, je nachdem, was man hier nun kritisch darstellen will, beispielsweise Bürgschaften, Computer und so weiter. Jedenfalls beweisen Darstellungen dieser Art, daß jede Geldausgabe in privaten Haushalten nicht unbedingt immer einer sorgfältigen Grenznutzenanalyse unterzogen wird.

Nehmen wir an, jemand möchte Verwandte für einen Tag besuchen und müßte deswegen um den halben Erdball fliegen. Wir wollen das Erlebnis nicht unterschätzen, aber es gibt normalerweise Bedürfnisse höherer „Rangordnung" (Maslow), und das erwähnte Vorhaben wird in der Regel nur ausgeführt, wenn die Vielzahl der Finanzmittel ein entsprechendes „Herunterfahren des Grenznutzens" erlaubt.

Das Eigenartige, was dabei geschehen kann, ist, daß Gewinne/Einkommen, die bei wachsendem Faktoreinsatz (Ertragsgesetz!) mit sinkendem Ertragszuwachs beziehungsweise steigenden Grenzkosten erwirtschaftet werden, andererseits mit einem nur geringen Grenznutzen ausgegeben werden.

Das, so sollte man meinen, ist Unsinn: Wenn sich jemand zunehmend anstrengt, um anschließend Verschwendung zu betreiben. Es ist gleichermaßen Unsinn, wenn diese beiden Aktionen von unterschiedlichen Personen durchgeführt werden. Rationalisierungsmaßnahmen müssen daher fragwürdig erscheinen, wenn in der 2. Phase, der Einkommensverwendung, Verschwendung betrieben wird.

Auch der entgegengesetzte Fall ist Unsinn, wenn nämlich jemand zu wenig Geld ausgibt, er also geizig ist. Moliere hat in seiner Komödie „Der Geizige" dieses Fehlverhalten bis zur Groteske weiterentwickelt. Geiz wird hier zur Leidenschaft, ja zur Sucht.

Unter dem Aspekt des Grenznutzens werden bei der sozialen Handlungsweise des Spendens besondere Akzente gesetzt. Ein Spender, der über reichliche Mittel verfügt, kann den besonderen Reiz des Spendens darin sehen, daß er mit Geldern, die ihm möglicherweise keinen großen Grenznutzen mehr versprechen, diesen einem Notleidenden zuteil werden läßt, sofern die Spende ihn denn erreicht.

Wer sowieso nahezu mittellos ist und spendet, verlagert lediglich Güternutzung von sich auf andere – wobei natürlich die eigene Verzichtsleistung moralisch entsprechend hoch zu bewerten ist.

Im übrigen lassen sich in bestimmten potentiellen Feldern, die im Unternehmensbereich auftreten können, Parallelen auch in den privaten Haushalten wiederfinden. Dazu gehören in erster Linie auch Finanzierungsfragen: Bürgschaften, Kredite und Ratenzahlung sind immer wieder Probleme, die privaten Haushalten beziehungsweise Einkommensbeziehern gleichermaßen zu schaffen machen. Da können Verhaltensweisen schnell zu unsinnigen Fehlern eskalieren.

8. Aus der Welt der Technik

Hier wollen wir einige wenige Themen aufgreifen, die sicher primär technischer Art sind, aber große ökonomische Auswirkungen haben.

Nun sind ja fast alle Staaten in Sachen Rüstung beinahe auf gleichem Niveau „Weltspitze", an Präzision und Kosten kaum noch zu überbieten. Raketen lassen sich auf den Punkt genau in Feindesland steuern, und ihre explosive Vernichtungskraft zerstört und vernichtet Menschenleben schneller, als unsere modernen Informations- und Kommunikationssysteme zu erfassen vermögen.

Rüstungskosten werden fast als selbstverständlich hingenommen, weltweit rechnen sie sich in Billionen Dollar. Heute hü und hott, morgen Schrott. Auch das „spielt keine Rolle" in der offiziellen Darstellung. Aber wenn es darum geht, Lebensmittelbomben über Hungergebieten, in Lagern usw. abzuwerfen, gibt es oft unüberwindbare Schwierigkeiten.

Raumfahrt, Mondfahrt, Shuttle-Systeme, Satelliten: raffinierte Konstruktionen, High-Tech, wie es heißt, Eigenenergieversorgungs-Systeme im Superlativ – Größenordnungen, mit denen man überhaupt erst anfängt zu zählen, sind die Milliarde Dollar und aufwärts. Die Kosten sind ebenso astronomisch wie die Technik. Seltsam ist nur, daß die teuren, präzisen Steuerungselemente bei Supertankerunglücken plötzlich nicht mehr funktionieren (sollen?).

Schwieriger wird es da schon, wenn man mit beiden Rädern, mit dem Fahrrad nämlich, auf der Erde bleibt. Weltraumkapseln lassen sich mit Bremsraketen oder Fallschirm bremsen. Beim Fahrrad wird das im Regen mit nassen Felgen schon schwieriger. Und dann erst die „Lichtmaschine", der Dynamo am Fahrrad. Jeder Halt bedeutet das „Aus" – fürs Licht – und wenn man, da nun unbeleuchtet, Pech hat, auch für das Leben. Es fragt sich, ob das technisch so schwierig ist, für ein Fahrrad ein Beleuchtungs- bzw. Energiespeichersystem zu entwickeln, das sich beispielsweise bei Talfahrt leicht aufladen läßt, bei Bergfahrt beziehungsweise im Dunkeln Energie beziehungsweise Strom wieder abgeben kann?

Schnellbahnen zur schnellen Integration der europäischen Staaten; darüber besteht prinzipiell Konsens. Gleichwohl werden mit Milliarden-Aufwand TGV und ICE kontrovers konstruiert.

Oder beispielsweise der Autokarosseriebau: Täglich ereignen sich Tausende von Unfällen, meist mit Blechschäden, weil das Auto nicht nur eine, sondern lauter offene Flanken hat. Wo immer es auch gegenstößt: Es entsteht ein Blechschaden. Nur auf dem Jahrmarkt, bei den Kinder-Selbstfahrautos, da passiert das nicht. Schon die geringste erfinderische Anstrengung würde sich hier millionenfach bezahlt machen. Aber es geschieht nichts. Einträglich ist das Geschäft, wenn die Beseitigung eines Lackkratzers 1 000,– DM kosten darf. Aber volkswirtschaftlich gesehen ist das Unsinn, denn das reparierte Auto stellt keine Werterhöhung gegenüber dem Status quo dar. Money making alleine – wir sagten es bereits, bringt kein reales Wachstum, nur eine Finanzmittel-Verlagerung.

Wir träumen nicht von einem unfallschaden-freien Auto. Aber daß bisher in dieser Richtung immer zuwenig gedacht und getan worden ist, hat bisher zu vermeidbaren wirtschaftlichen Verlusten geführt. Es ist die erwähnte Schwäche in der Berechnung des Brutto-Sozialproduktes, wenn sich derartige „Leistungen" gleichwohl erhöhend auswirken.

Fehlende Grenznutzenüberlegungen sind es denn auch, die in der Automobilentwicklung zu Übermotorisierung von mehr als 400 PS für einen PKW und zu einem Komfort geführt haben, der in anderen Branchen, beispielsweise im Wohnungsbau vom Markt beziehungsweise vom Gesetzgeber nicht honoriert würde.

Die Probleme der Unfallsicherheit für Autofahrer beziehungsweise Insassen werden erst seit wenigen Jahren in ihrer Bedeutung klarer erkannt und behandelt. Und schließlich sei die Frage aufgeworfen, ob es denn im Sinne der „sozialen Marktwirtschaft" liegt, über vernachlässigte Autodiebstahlsicherung die Finanzmittel der Versicherungswirtschaft dem Automarkt zu erschließen? Hier ist Handlungsbedarf der Automobil-Hersteller dringend angesagt.

9. Entwicklungspolitik

Das Interessante am Begriff „Entwicklung" ist die unterschiedliche Bedeutung, die wir mit ihm verbinden: Wir nennen ihn in einem Atemzuge in Verbindung mit Forschung, andererseits denken wir in der Entwicklungspolitik an die Wirtschaftspolitik unterentwickelter Länder. Zwischen beiden gedanklichen Vorstellungen bestehen Verbindungen, vor allem wenn man bedenkt, daß Forschung und Entwicklung von jeher Wohlstand und Wachstum entscheidend mitgeprägt haben. Langfristige Konjunkturzyklen tragen den Namen technischer Innovationen.

Hier sollen uns zur Hauptsache die „Entwicklungsländer" beschäftigen. Eigentlich ist das gar kein Thema, denn wirtschaftliche Entwicklung hat es – regional gesehen – auch schon immer gegeben, selbst die heutigen großen Industrienationen haben einmal bei Null angefangen, sie haben ihre zum Teil bewegte Geschichte hinter sich gebracht, Krisen durchgemacht, aber im Endeffekt ungeheuren wirtschaftlichen Fortschritt (bei allen hier dargestellten Problemen) erlebt.

Wenngleich es auch bei den Industrieländern regionale Unterschiede des Wirtschaftswachstums gibt, von Unterentwicklung konnte ungünstigstenfalls nur vorübergehend und sporadisch in Einzelfällen die Rede sein.

Erinnert sei an die wirtschaftliche Entwicklung beispielsweise des Hochschwarzwaldes und Ostfrieslands. Es ist faszinierend, die Wirtschaftsgeschichte dieser Regionen nachzulesen. Einstmals menschen-, ja, lebensfeindliche Gebiete, ist heute der Hochschwarzwald voll in das „Musterländle" Baden-Württemberg integriert. Man hat sich keinesfalls nach den Erfolgen zur Ruhe gsetzt, der Entwicklungsprozeß geht weiter, zum Beispiel in der Gastronomie hin zu modernen, marktgerechten Lösungen, im Maschinenbau über die Feinmechanik und Elektrik hin zur Elektronik und Mikroelektronik.

Über Ursachen und Perspektiven dieser Entwicklung sind schon Bände geschrieben worden. Mir scheint wichtig festzuhalten, daß bestimmte Phänomene vor allem im Anfangsstadium einen hohen Stellenwert haben:

– Eigeninitiative, Wettbewerb und freie wirtschaftliche Entfaltung
– langfristige Perspektive
– privatwirtschaftliche Eigentumsordnung

130 Entwicklungspolitik

- mittelfristige Steuerfreiheit
- Wissen, Können, Zuverlässigkeit u. a. m.
- Förderung durch die Regierung

Blicken wir über den Tellerrand europäischen Geschehens hinaus, beeindruckt die Entwicklung der „5 kleinen Tiger-Länder"

- Südkorea
- Taiwan
- Singapur
- Hong Kong
- Thailand

Für sie läßt sich die Aufgeschlossenheit der Menschen dort für Wirtschaft, Handel und Wandel behaupten. Unter den im übrigen wirksamen Einzelfaktoren, die wir hier nicht alle aufzählen können, verdienen die wirtschafts-kooperativen Verwaltungs-Institutionen hervorgehoben zu werden.

Frage ist nun, weshalb in den *Entwicklungsländern* unserer Tage Probleme oft unvorstellbaren Ausmaßes zum Tragen kommen, obwohl Entwicklungspolitik in vielen Fällen (siehe oben) bestens funktioniert!?

In aller Kürze soll nur ein Teil der Fehler und Negativ-Voraussetzungen aufgezählt werden, die ursächlich mit dem ganz oder teilweisen Mißlingen von Entwicklungsmaßnahmen zusammenhängen:

- lebensfeindliches Klima, unfruchtbarer Boden
- unkontrollierter Geburtenüberschuß
- politische Instabilität, fehlende Rechtsstaatlichkeit
- monetäre Instabilität, Inflation
- fehlendes Wissen, Können, Know-how

Aus diesen Voraussetzungen resultieren zum Teil gigantische Fehlplanungen und Fehleinschätzungen in der Über- oder Unterbewertung wirtschaftlicher Möglichkeiten, (Kraftwerksbau im Niemandsland, Nichtnutzung von Bodenschätzen, Vernachlässigung der Infrastruktur (Verkehr, Energieversorgung).

Schließlich ist fehlerhafte beziehungsweise falsche Verwendung und Verschwendung von Entwicklungsgeldern und Krediten zu erwähnen. Bekannt sind in vielen Fällen überdimensionierte Repräsentationsbauten und im übrigen Militär- und Rüstungsausgaben gerade in unterentwickelten Ländern. Solche Ausgaben sind keine Investitionen, sie führen zu keiner Rendite, im Gegenteil, sie verursachen zusätzliche Kosten. Was im Fall der Rüstungsausgaben noch schlimmer ist: Die „praktische Anwendung" im Kriegsfall führt darüber hinaus zu Zerstörung, Not und Elend.

Wenn ein dieser Art betroffenes Land dann noch Zins- und Tilgungszahlungen für Kredite leisten soll, ist der ökonomische Unsinn programmiert. Ein unterentwickeltes Land soll Zahlungen unter Umständen an eine Industrie-Nation leisten, und der Wechselkurs verändert sich zusehends noch zugunsten der Industrienation, weil deren Währung ja aufgrund der Rückzahlungsverpflichtung verstärkt nachgefragt wird. Das Elend kumuliert schnell weiter, weil ja auch das eventuell doch noch im Lande vorhandene Kapital wegen sich verschlechternder Wechselkurse, ungünstiger Terms of Trade und unter Umständen auch Inflation aus dem Lande ins Ausland flüchtet.

Wo also hat effiziente Entwicklungshilfe anzusetzen?

Zu der umfangreichen und interessanten Literatur zum Thema Entwicklungshilfe gehört auch das Buch „Unternehmen Entwicklungshilfe" von Kromka/Kreul, wo auf Seite 111 zu lesen ist: „In den Mittelpunkt der Entwicklungsarbeit muß die ... immer wieder betonte bedeutsame Erkenntnis gerückt werden, daß das letzte Geheimnis der ‚reichen' Länder nicht in ‚Kapital', Maschinenmodellen, technisch-organisatorischen Rezepten und Naturreserven zu suchen ist, sondern in einem ... Geiste des Ordnens, Vorsorgens, Kombinierens, Unternehmens, menschlichen Führens und freien Gestaltens, kurzum einem Geiste, den man weder aus dem Boden stampfen noch importieren kann".

Daraus ist automatisch der hohe Stellenwert der ideellen Entwicklungshilfe abzuleiten, Aus- und Weiterbildung ist angesagt, Aufklärung beginnend bei der *Geburtenkontrolle*. Wenn es stimmt, daß der tägliche (!) Geburtenüberschuß der Weltbevölkerung 250 000 Menschen beträgt, wird die Bedeutung der Lösung dieses Schlüsselproblems für Wirtschaft, Umwelt, Nahrungs- und Energieverbrauch deutlich.

Gezielte *Forschungsprogramme* können einen konstruktiven Beitrag zur Entwicklungshilfe liefern. Scheckbuchdiplomatie von Regierung zu Regierung garantiert nicht Unternehmens-Aktivitäten und Marktwirtschaft, sondern begünstigt staatliche Wirtschaftslenkung und Behördenwillkür. Dagegen stützen sogenannte *Existenzgründungsprogramme* die Bildung neuer Gewerbebetriebe, Unternehmen und freiberuflicher Existenzen.

Was guttut ist, Entwicklungshilfe so zu gestalten, daß eine Beziehung zwischen Spender und Empfänger erhalten bleibt; das motiviert letztlich beide, gibt Chancen für die Bildung von Privatkapital in Unternehmungen.

Historisch gesehen hat es hierfür schon einmal beste Voraussetzungen gegeben, und zu bedauern ist nur, daß Praktiken, wie sie in den Gründerjahren maßgeblich zum Aufbau von Industrie und Wirtschaft beigetragen haben, nahezu unbeachtet bleiben. Die Gründung von Aktiengesellschaften um die letzte Jahrhundertwende hat zu Unternehmensbildungen geführt, ohne die die Wirtschaftsleistungen unserer Tage undenkbar wären.

An dieser Stelle ist es angebracht, auf „Entwicklungsmodalitäten" im eigenen Lande hinzuweisen: In den neuen Bundesländern (NBL) mag unter Berücksichtigung aller schwierigen Umstände vieles an den ergriffenen Maßnahmen vertretbar sein, auch Aufgaben und Funktionen der nicht überall uneingeschränkt akzeptierten Treuhand AG; aber fast alle Finanzmittel, die für den Aufbau der NBL eingesetzt werden, stammen im wesentlichen entweder aus Zwangsabgaben (Steuern und Beiträge) oder aus Kreditmitteln der öffentlichen Haushalte von Bund, Ländern und Gemeinden oder der Banken. Fehlende Kontrollen rufen die bereits erwähnte Vereinigungs-Kriminalität auf den Plan.

Ein Modell, *Sparkapital beziehungsweise Beteiligungskapital auf freiwilliger Basis* direkt oder über *Beteiligungsgesellschaften* zu mobilisieren, ist so gut wie überhaupt nicht diskutiert, geschweige denn praktiziert worden. Damit wurde die Entfaltung marktwirtschaftlicher Kräfte unterbunden beziehungsweise durch Administration behindert. Es könnte ein hervorragendes entwicklungspolitisches Instrument sein – überall auf der Welt.

Bei gesicherter Rechtsordnung beziehungsweise Rechtsstaatlichkeit und deregulierter Wirtschaftsordnung kann Entwicklung über *Direktinvestitionen* betrieben werden. Es bilden sich da zunächst regelrechte „Inseln" der Industrialisierung und wirtschaftlichen Erschließung. Denkt man in dieser Richtung weiter, kommt man schnell auf die „maoistische Tintenkleckstheorie", deren Prinzip seinerzeit die Umsetzung der „sozialistischen Revolution" systematisch bewirken sollte, die aber „im umgekehrten Fall" ebenso gut der wirtschaftlichen Entwicklung dienen könnte: Breit gestreute Entwicklungszentren breiten sich tintenklecksartig über das ganze Land aus.

Schließlich geht es darum, Entwicklung auf den jeweiligen Stärken und günstigen Voraussetzungen aufzubauen, die ein Entwicklungsland zu bieten hat. Dabei kommt dem Tourismus eine große Bedeutung zu; ihn auszubauen, kann sinnvoller sein, als in Entwicklungsländern genau die gleichen Industrien zu initiieren, die in den Industrieländern schon bestehen.

Die wirtschaftlichen Aktivitäten von Entwicklungs- und Industrieländern sollten sich besser ergänzen. Entwicklungsleistungen und Lieferungen der Industrieländer müssen nicht unbedingt zu zusätzlichen Arbeitsplätzen in den Entwicklungsländern führen. Für eine arbeitsteilige „internationale Entwicklungsgesellschaft" könnte charakterisierend sein, daß aus der sogenannten Leistungsgesellschaft (in der nur Industrieländer Leistung erbrachten) eine „internationale Gegenleistungsgesellschaft" wird, in der es aufgrund von Leistungen der Entwicklungsländer zu einem möglichst umfassenden Leistungsaustausch kommt. Die Entwicklungsländer sollten sich dabei auf das Leistungspotential besinnen, das sie aufgrund ihrer geographischen, geologischen, klimatischen und kulturellen Gegebenheiten erbringen können. Auch das Postulat von der Hilfe zur Selbsthilfe, das Subsidiaritätsprinzip, paßt glänzend in diese „Entwicklungslandschaft".

Wenn wir nach den Ursachen fragen, weshalb denn noch nicht überall gleichermaßen erfolgreich mit den aufgezeigten Möglichkeiten und Methoden vorgegangen worden ist, so liegen zwei Gründe nahe:

1. Die Regierungen der Entwicklungsländer haben nicht die rechtlichen und ordnungspolitischen Rahmendaten gesetzt (Recht- und Wirtschaftsordnung, Bevölkerungsregulierung und so weiter)

2. Daraus folgend konnte die Position der einzelnen Wirtschaftssubjekte, Unternehmen und anderer nicht entsprechend gestärkt werden, als daß sie im wohlverstandenen Eigeninteresse mit Engagement tätig werden konnten.

Nur eine klare Vorgehensweise aller Beteiligten im Sinne von 1 und 2 löst das Problem der Entwicklungshilfe.

10. Sozialpolitik

Wenn es auch ein schwieriges Unterfangen ist, in Kürze zu Problemen Stellung zu nehmen, die das riesige Gebiet der Sozialpolitik betreffen, so soll hier doch versucht werden, kurz aufzureißen, worauf es ankommt.

Die Schwierigkeiten beginnen schon mit der Definition des Begriffes „sozial", lt. Wörterbuch der Soziologie „allgemeine Bezeichnung für prozeßhafte zwischenmenschliche Beziehungen". „Die Probleme der Definition und des konkreten Inhalts ergeben sich aus der schillernden, ideologisch wie historisch mehrdeutigen Beziehung ‚sozial'", heißt es dann weiter – womit wir auch schon die „besten" Voraussetzungen für Mißverständnisse und Fehler aufgezeigt haben.

Ist eine „freie Marktwirtschaft" von staatlichen Einflüsse kaum eingeschränkt, so beinhaltet die „soziale Marktwirtschaft" staatliche Eingriffe im Interesse beispielsweise einer dauerhaften Wettbewerbsordnung auf der Basis von Gerechtigkeit, Leistung und mitmenschlicher Verantwortung.

Das „soziale Prinzip" schränkt das „liberale Prinzip" ein. Freiheit und Zwang „berühren sich", soziale Marktwirtschaft wird damit zu einer „Gratwanderung" wie so vieles im menschlichen Leben.

Nach alledem kann nicht verwundern, daß es vieles gibt, was da sozial genannt wird, aber eigentlich nicht ist, bzw. was sozial ist, aber als solches nicht oder zuwenig gewürdigt wird.

Zum letzteren gehört beispielsweise die Preisstabilität. Inflation vernichtet gerade auch die geldwerten Ersparnisse der wirtschaftlich weniger Leistungsfähigen. Bei einem Bestand an Ersparnissen (nach Abzug von Schulden) von beispielsweise 1 Billion DM würde eine allgemeine Preissteigerung von nur drei Prozent also einen Verlust für den Sparer von 30 Milliarden DM ausmachen.

Gewinne der Unternehmen, gesicherte Einkommen der Bevölkerung, Vermögensbildung und wirtschaftlich reales Wachstum sind immer noch die besten Garanten für soziale Unabhängigkeit beziehungsweise für effektive Einnahmen der öffentlichen Kassen, aus denen Sozialleistungen letztlich bezahlt werden müssen. Gewinne und Investitionen begründen Arbeitsplätze – nur auf dieser Basis ist gesicherte Sozialpolitik möglich.

136 Sozialpolitik

Inzwischen kann man davon ausgehen, daß alle Ausgaben für soziale Zwecke in der Bundesrepublik Deutschland (Bund, Länder, Gemeinden, BA, usw.) 1 Billion DM jährlich betragen. Dabei bleibt das Beteiligungsmodell des Investivlohnes so gut wie gänzlich unberücksichtigt, obwohl es sich dabei um eine interessante Möglichkeit der Vermögensbildung in Arbeitnehmerhand handelt. Die Mobilisierung von Beteiligungskapital ist in ihren Möglichkeiten noch nicht genügend ausgeschöpft.

Andererseits gibt es sogenannte sozialpolitische Maßnahmen, deren unsozialen beziehungsweise janusköpfigen Charakter man gar zu leicht übersieht. Da sind zunächst einmal die Sozialausgaben selbst. Hohe Sozialausgaben lassen auf besondere soziale Rücksichtnahme, soziales Verhalten, schließen, so die allgemeine politische Meinung. Vergessen wird, daß natürlich von den Staatsbürgern entsprechende Sozialabgaben geleistet werden müssen.

Vergessen wird auch, daß in einer wachsenden Wirtschaft, bei wachsendem Einkommen und zunehmendem Wohlstand auch die Sozialausgaben wachsen (müssen), wenn dem Prinzip der „sozialen" Marktwirtschaft, dem sozialen Rechtsstaat nicht widersprochen werden soll. Und die entsprechende Belastung der Bürger, der Arbeitnehmer, Selbständigen und Unternehmen sollte (ist aber nicht) in jedem Fall sozial gerecht ausgerichtet sein (erinnert sei an die gleichen Rentenbeiträge von Kinderreichen und „Singles"). Die Frage taucht auf, mit welchem Sozialbeitrag denn ein Milliardär – als natürliche oder juristische Person – im Verhältnis zu seiner wirtschaftlichen Leistungsfähigkeit belastet ist.

Das wird im übrigen nicht zuletzt auch deutlich an den Lohn- beziehungsweise Gehaltsabzügen und Nebenkosten der Unternehmen. Nehmen wir den Bruttolohn mit 100 Prozent an, so kann – je nach Sozialleistung des Unternehmens – die Mehrbelastung 50 bis 100 Prozent betragen. Gehen wir weiter davon aus, daß die Netto-Auszahlung von 100 brutto nur 60 ausmacht, so sind diese 60, bezogen auf 150 bzw. 200 nur 40 bzw. 30 Prozent, das was der Arbeitnehmer *nicht* bar erhält ist somit 60 Prozent bzw. 70 Prozent seiner Arbeitsleistung oder besser: Eine DM Nettolohnerhöhung vermehrt den Bestand der öffentlichen Kassen um ca. 2 DM. Jede Lohnerhöhung begünstigt daher in erster Linie die öffentlichen Kassen, die Einkommensteuerprogression muß man ergänzend dazu schließlich auch berücksichtigen. Ob wohl bei Kenntnis und Beachtung dieser Umstände Arbeitskämpfe ein anderes Gesicht bekommen würden?

Zu den unsozialen „Sozialmaßnahmen" gehört im vorstehenden Sinne, daß in vielen Fällen die Empfänger sozialer Leistungen gleichzeitig deren Financiers sind – abzüglich einer erheblichen Spanne für Verwaltung und Bürokratie. Es genügt, beiläufig zu erwähnen, daß allein im Gesundheitswesen mehr als 7 Milliarden DM Kosten jährlich durch die Krankenkassenverwaltung verursacht werden. Die „Arbeitsverwaltung" steht dem in nichts nach. Hier kann über einen Etat von mehr als 110 Milliarden DM jährlich beinahe autonom verfügt werden, eine generelle Zweckbindung der Mittel ist dabei vorgegeben.

Durchaus geteilt sind die Meinungen auch über vermeintliche Sozialausgaben,

– die nach relativ einfachen Verfahrensregeln einzelnen Vorteile gewähren, weil die Betroffenen Ansprüche rigoros ausnutzen, andere aber dafür zahlen lassen; solch ein Anspruchsdenken wird zum Teil durch das „Recht" der Krankenversicherung und der Rentenversicherung wie auch der Arbeitslosenversicherung gestützt;
– die in einzelnen Fällen zu „Sozialleistungen" ohne Gegenleistung führen und sogar noch vergleichbare Arbeitsentgelte übertreffen; für den Extremfall hat sich inzwischen der Begriff „Sozialkriminalität" gebildet;
– die für Beitragszahler gar nicht mehr kontrollierbar sind, in die er keinen Einblick gewinnen kann.

Dazu gehören auch die versicherungsfremden Leistungen, die aus Beiträgen der Arbeitnehmer und Arbeitgeber bezahlt werden. Die „Gesellschaft für Versicherungswissenschaft und -gestaltung (GVG)" beziffert diese „Leistungen" mit 100 Milliarden DM jährlich, davon 50 Milliarden DM bei der Bundesanstalt für Arbeit, 35 Milliarden bei der Krankenversicherung und 15 Milliarden bei der Rentenversicherung. In der Tat ist das eine etwas großzügige Versicherungs-„Gestaltung". Da müssen selbst Finanzjongleure der privaten Wirtschaft staunen.

Höhere soziale Leistungen bedeuten immer auch höhere soziale Kosten. Übersteigen die Leistungen das, was über soziale Pflichtleistungen im Rahmen der sozialen Marktwirtschaft hinausgeht, so kann man von einem „Wohlfahrtstaat" sprechen: Ausbeutung liegt dann vor – so Prof. W. Wittmann, FAZ 24.11.84 – wenn jemand für seine Sozial-Beiträge nicht vom Markt belohnt wird, er also zugunsten von anderen Einbußen in einem Maße hinnehmen muß, die über das normale Solidaritätsverhalten hinausgehen.

"Solche Ungerechtigkeiten verschwinden in dem Maße, als es gelingt, das Verursacher- und Nutzerprinzip anzuwenden". Spätestens dann sollte ein Rentenversicherungssystem überprüft werden, wenn ein Rentenberater sagt: „Sie wollen in die Rentenversicherung einzahlen? Bringen Sie Ihr Geld lieber zur Sparkasse, dann bleibt Ihnen wenigstens die Summe bzw. der Geldwert erhalten."

Auch Sinn und Unsinn sozialer Leistungen wird somit entscheidend von Menge und Dimensionierung der sozialen Kosten und Leistungen bestimmt. „Metron kalliston", Maßhalten, auf die Menge kommt es an, auch in diesen Fällen.

Es ist sicher eine große Aufgabe, herauszufinden, wie günstige Voraussetzungen für ein funktionierendes Sozialsystem auszusehen haben. Sinnvolle und notwendige Rationalisierungserfolge sowie konjunkturbedingte Beschäftigungsrückgänge mit Ausgrenzung von Arbeitswilligen zu beantworten, sie in die Arbeitslosigkeit abzuschieben, kann sicher nur die zweitbeste Lösung sein.

Aus Arbeitslust wird Frust. Der Kosteneinsparung auf der Unternehmensseite stehen die höheren Sozialkosten auf der anderen Seite gegenüber. Unternehmen werden entlastet, volkswirtschaftlich gesehen müssen die Kosten gleichwohl aufgebracht werden. Erst eine wachsende Zahl Arbeitsloser läßt die Dringlichkeit des Problems deutlich werden. 1993 beliefen sich die Gesamtkosten der Arbeitslosigkeit auf 116 Milliarden DM. Darin sind nicht enthalten die Kosten, die sich aus psychosozialen und gesundheitlichen Belastungen und aus Verlusten an beruflicher Qualifikation infolge von Arbeitslosigkeit ergeben. Statt dessen würde es sich lohnen, über eine Flexibilisierung von Arbeitszeiten, Arbeitskosten, Arbeitsunterbrechungen, Aus- und Weiterbildung im Sinne von Long-Life-Learning nachzudenken. Lange Lebensarbeitszeiten bringen, über die Zeit gesehen, hohe Sozial-Beiträge. Gerade auch auf dem Gebiet der Arbeitsvermittlung ist noch vieles zu verbessern.

Eine sinnvolle Familienpolitik kann auf dem sozialen Sektor Gewaltiges leisten. Ein Blick in unsere ökonomische Vergangenheit bestätigt das. „In der rüden Sprache der Ökonomie" ist die Familie eine Organisation, die in hohem Maße Transaktionskosten spart, schreibt Prof. W. Engels in der Wirtschaftswoche 29/92.

Man denke nur an die Besteuerung der Familie, an die Bevölkerungsstruktur. Zu hoffen bleibt, daß hier die Situation noch nicht völlig verfahren ist.

„Von der Leistungs-Gesellschaft zur Gegenleistungs-Gesellschaft" – dieser bereits erwähnte Grundsatz könnte auch auf dem sozialen Sektor weiterführen. In diese Richtung zielt auch das Prinzip der „Hilfe zur Selbsthilfe". Als ein Beispiel in diesem Zusammenhang sei der Fall erwähnt, daß Behindertenwerkstätten gleichwertige Handelspartner von Industrieunternehmen werden. „IBM kauft für 10 Millionen DM bei Behindertenwerkstätten ein", lesen wir in der Überschrift einer namhaften Wirtschaftszeitung.

Schließlich haben wir mit dem Wort Leistung etwas angesprochen, was eigentlich für das gesamte Sozialsystem gelten sollte: Es muß leistungsfähig sein, also mit einem gegebenen Aufwand einen möglichst großen Nutzen für die Betroffenen bewirken können.

Mit dem Problem der Leistungseffizienz öffentlicher Ausgaben haben sich Nationalökonomen schon früher befaßt, der Schwede Knut Wicksell (1851 – 1926) und in jüngster Zeit (1986) der Nobelpreisträger James Buchanan.

Quelle: Handelsblatt
Senkung der Feiertagslöhne als Finanzierungsmodell für eine Pflegeversicherung

140 Sozialpolitik

Er hat versucht, Parallelen zwischen den ökonomischen Entscheidungen auf den Märkten und der wirtschaftspolitischen Beschlußfassung herzustellen: So, wie das Marktverhalten im wesentlichen auf freiwilligem Übereinkommen und auf dem Austausch von Waren und Dienstleistungen beruht, so müßten auch die wirtschafts- und sozialpolitischen Entscheidungen des modernen Wohlfahrtsstaates darauf gerichtet sein, allen Beteiligten Vorteile zu bringen, statt nur Ressourcen umzuverteilen. Damit ist schon das Todesurteil über eine staatliche Pflegeversicherung gesprochen. Die Karikatur auf Seite 139 verdeutlicht das.

Aus sozialpolitischen Leistungen eine Erhöhung des Grenznutzens der letzten ausgegebenen Geldeinheit herauszuholen, darum geht es. Entsprechend sind die sozialpolitischen Regelungen und Vereinbarungen zu treffen. Kontrollen gehören auch dazu. Steuerzahler und Unternehmen müssen sie meist jährlich über sich ergehen lassen, müssen gegebenenfalls auch Korrekturen hinnehmen. Sollte das nicht auch gelten können für die sozialen Trägerkörperschaften?

11. Und so weiter!?

Das Ende unserer Reise durch das weite Gebiet der Ökonomie ist in Sicht. Wir haben einen beachtlichen Bereich dessen abgesteckt, was an Fehlern, Dummheiten, Irrungen und Wirrungen „menschenmöglich" ist. Eine Vielzahl von Fakten und möglichen Fehlerursachen haben wir aufgezeigt, zum Teil konnte der Zusammenhang von Ursache und Wirkung direkt deutlich gemacht werden – in vielen Fällen haben wir uns auf die Darstellung von Fakten beschränkt.

Natürlich kann man Inhalte weiter vertiefen, Beispiele fast beliebig ergänzen – aber weshalb sollte sich nicht jeder ermutigt fühlen, auf eigene Faust den Ursachen des ökonomischen Unsinns auf die Schliche zu kommen?? Eigene Exerzitien erleichtern immer das Verständnis der Lektionen.

Wenn Sie aber erwarten sollten, daß mit dem Bekanntwerden dieser Ausführungen Fehler und Unsinn aus der Ökonomie verbannt sein werden, dann muß ich Sie leider enttäuschen. Auch ich habe die „Mikrobe der menschlichen Dummheit" nicht gefunden. Insofern geht es mir wie seinerzeit Dr. med. Hiob Praetorius, der in der gleichnamigen Komödie von Kurt Götz ebenfalls zu dieser Feststellung gelangte.

Aber ich habe die zum Teil verheerenden Auswirkungen aufgezeigt. In manchen Fällen hinterlassen diese „Mikroben der menschlichen Dummheit" nicht nur eine Straße der Verwüstung – ganze Staaten sind schon dadurch an den Rand des Abgrunds geraten. Erinnert sei an Ideologie und Machtstreben, fehlende Umsicht und Vorausschau, Kriminalität und anderes mehr.

Ein gewaltiges – nicht zuletzt ökonomisches – Problem wurde hier bisher absichtlich nur andeutungsweise erwähnt: Rüstung und Kriegführung. Die damit zusammenhängenden Fragen sind zu komplex, reichen bis in die Philosophie und können hier unmöglich erschöpfend dargestellt werden. Was für ein Widersinn, Krankheit und Behinderungen zu heilen und zu lindern und durch Krieg und Terror täglich neues psychisches und physisches Elend zu schaffen.

Auseinandersetzungen und Streit kann man sicher nicht abschaffen, sie sind Bestandteil der menschlichen Gesellschaft, aber der „bewaffnete Konflikt" kann möglicherweise eines Tages so spurlos verschwinden wie die Unsitte des Austragens von Duellen mit Degen oder Revolver. Eine andere Hoffnung wäre die eventuelle Bildung einer Weltregierung – wie diese auch immer gestaltet sein könnte –, die jedenfalls letztendlich bewaffnete Konflikte zwischen den Nationen unmöglich macht.

Bis dahin ist sicher noch ein weiter Weg. Erfreulich ist zu vermerken, daß das Wettrüsten Ost-West in den letzten Jahren ein Ende gefunden hat, nachdem es mit mindestens 500 Milliarden Dollar jährlich zuletzt erschreckende Ausmaße angenommen hatte. Die atomare Abschreckung erreichte schließlich einen makabren Perfektionismus.

In Anbetracht der vielen ungelösten Probleme wirtschaftlicher und sozialer Art auf der Welt machen diese Kosten letztlich deutlich, daß die emotionalen und gedanklichen Verstrickungen der Menschen letztlich auch eine tiefe Tragik beinhalten.

Ein Blick auf manche Geschehnisse der Jahre 1992/93 macht deutlich, daß in der Ökonomie darüber hinaus weitere „Ungereimtheiten" fortbestehen. Fehler und Unsinn wird es auch in Zukunft geben:

– Da wartet man auf wirtschaftliche Belebung mit hohen Zinsen, hohen Steuern und hohen Lohnzuwachsraten – wo bleibt da Mittelverfügbarkeit auf privater und unternehmerischer Ebene?
  Wir hatten diese Fragen verschiedentlich angesprochen. Die rezessiven Folgen lassen nicht lange auf sich warten.
– Während in einem geeinten Europa alles darauf abzielt, Handels- und Lebensbedingungen soweit es geht zwischen den Staaten anzugleichen, werden in Deutschland Steuererhöhungen zwei Jahre im voraus festgeschrieben. Sollen Leistung und Erfolg bestraft werden – oder ist Rückstand bei einzelnen EG- bzw. EU-Mitgliedern aufzuholen?
– „Wer in volltrunkenem Zustand einen Autounfall verursacht, muß mit Haft rechnen. Wirtschafts- und Sozialpolitiker, die fahrlässig ganze Volkswirtschaften gegen die Wand donnern, laufen frei herum" (FAZ 28.11.92).
– Obwohl die Steuerzahler die Haushalte von Bund, Ländern und Gemeinden finanzieren, haben sie keinen Vertreter in den Parlamenten. Wer auch immer gewählt wird, tritt für höhere Steuern ein. Das Ansehen von Parlamentariern wächst mit der Höhe ihrer Forderung nach mehr Steuern. Geoffrey Brennan und James M. Buchanan sprechen vom Greshamschen Gesetz der Politik: Ebenso wie schlechtes Geld das gute verdrängt,

verdrängen „schlechte" Politiker (die nur Partikular-Interessen vertreten) die guten. Brennan und Buchanan fordern die konstitutionelle politische Ökonomie, die zum Beispiel im Falle unbegrenzter Staatsverschuldung deutliche Regeln und Begrenzungen festlegt.
- „Die Besteuerungspraxis in den deutschen Finanzämtern ist schon verfassungswidrig" (HB 21.9.1993). Die Deutsche Steuergewerkschaft stellt fest, „daß die ehrlichen und pünktlichen Steuerzahler belastet und Schattenwirtschaft und Steuerkriminalität begünstigt würden". Im Grunde genommen ist dieser Vorwurf für einen Rechtsstaat ungeheuerlich.
- Bei Autofahrern wird über die „Promillegrenze" diskutiert – und bei Kapitänen von Supertankern?
- Bei der derzeitigen Ost-West-Wanderung gehen Arbeitskräfte und Arbeitswillige dorthin, wo bereits Aufbauarbeit geleistet ist und EU-weit ca. 20 Millionen Arbeitslose auf Job-Suche sind. In ihren Heimatländern veröden weite Landstriche und echte Aufbau- und Wachstumschancen werden vertan. Man wird an die Wanderungsbewegungen der Lemminge erinnert.
- Die USA zahlen 1,6 Milliarden Dollar Wirtschaftshilfe an Rußland, Deutschland ca. 50 Milliarden Dollar. Was für eine Relation!

Und wo bleibt ein positiver Effekt? – Langfristig?

Es besteht also kein Grund zur Annahme, daß heute und auch in Zukunft Fehler, Irrtümer, Unsinn im wirtschaftlichen Verhalten der Menschen nicht mehr vorkommen. Das hat neben den bereits genannten weitere Ursachen, die zum Teil in der Natur der Sache, zum Teil im Wesen des Menschen selbst begründet sind.

In der Sache selbst ist die naturgemäß vorgegebene Diskrepanz zwischen theoretischem Anspruch wirtschaftlichen Modelldenkens und tatsächlichem Sachverhalt zu nennen.

Daß es wohl im Wesen des Menschlichen, Allzumenschlichen begründet sein muß, wenn bestimmte Dinge nach Wunsch und Willen des Menschen nicht immer ihren Idealzustand annehmen, haben Dichter, Denker und Philosophen seit Jahrtausenden immer wieder festgestellt. Friedrich Dürrenmatt stellt in seinen Komödien „Achterloo" einstmals bestimmende Gestalten der Weltgeschichte simultan auf der Bühne gegenüber: Napoleon, B. Franklin, Marx, Hus, Papst Gregor XII u. a., und er läßt sie aufzeigen, was sie in so vortrefflicher Weise alles gewollt hatten und was letztlich aus ursprünglichen Absichten, Revolutionen eingeschlossen, alles geworden ist. Da gibt es zum Teil erhebliche Abweichungen von „Idealbildern", denken wir an die Kreuzzüge, an das Auslöschen der alten Kulturen Lateinamerikas, an die napoleonischen Kriege, an die „Errungenschaften" des Sozialismus und Kommunismus, die Zerstörungen in Europa im 2. Weltkrieg.

Welches sind die Ursachen dafür, daß Idealvorstellungen von Menschen sich in fast keinem Fall in der vorgesehenen Weise realisieren ließen? Sie sind zu sehen in dem Absolutheitsanspruch der Ideologien und Systeme einerseits und dem menschlichen Wesen, bestehend aus Fleisch und Blut, Eigenarten, Leidenschaften und Lastern (Dostojewski) andererseits.

Die „soziale Marktwirtschaft" ist in diesem Sinne letztlich auch so eine Idealvorstellung, ein Ziel! Sie ist „zu gestaltende Ordnung". Ihr ist nur näherungsweise „beizukommen".

Und überhaupt: Die Soziale Marktwirtschaft, sozial gerecht aufgeteilter „Wohlstand für alle" – würde er denn jemals erreicht, müßte dann nicht das Paradies da sein, hier auf Erden? Nun sollte man meinen, daß paradiesische, in diesem Sinne „ideale" Zustände von den Menschen gesucht und akzeptiert werden – weit gefehlt! Die Flucht aus dem Paradies – das war nicht nur in biblischen Zeiten eine im Grunde widersinnige Verhaltensweise des Menschen. Es sieht so aus, als seien die Auseinandersetzungen der Menschen gerade in den Regionen um so heftiger, die paradiesisches Air und Flair verheißen könnten.

Fast alle sogenannten goldenen Zeitalter, das babylonische, perikleische, augustinische, viktorianische, wilhelmische Zeitalter fanden in zum Teil verheerenden Kriegen ihr Ende. Unvernunft scheint Bestimmung zu sein, die „Leichtigkeit des Seins" offenbar unerträglich!

Nun ließe sich der Einwand vorbringen, letztlich würden sich Fehler, Ungereimtheiten und gegebenenfalls auch Unsinn in der Wirtschaft automatisch über die sogenannten „Selbstheilungskräfte des Marktes" von selbst regulieren, sich ausbügeln und beseitigen lassen. Selbstverständlich gibt es diese Selbstheilungskräfte des Marktes. Jede ökonomische Krise fand irgendwie immer ihr Ende. Ohne Wirtschaft wäre die Menschheit sicherlich ausgestorben. Aber Ökonomie ist mehr als nur Markt.

Der Vergleich mit den Selbstheilungskräften in der Natur scheint angebracht: Eine Grippe dauert 14 Tage und mit ärztlicher Behandlung zwei

Wochen. Wer aber mit Grippe barfuß durch den Schnee läuft, kann sich schnell eine Lungenentzündung einhandeln. Das Risiko wird größer, das Leiden länger, die Widerstandskraft geschwächt.

Auch in diesem Beispiel kann man von „unsinnigem Verhalten" sprechen. Das Parallel-Beispiel aus der Ökonomie können Sie anhand der beschriebenen Fälle und Ereignisse selbst entwickeln.

Da wir schon dabei sind, tiefergehende Ursachen und Zusammenhänge zum ökonomischen Unsinn aufzuzeigen, müssen wir leider eine sehr schwerwiegende Feststellung treffen im Hinblick auf die Möglichkeit, Fehler und Unsinn anhand von Normen auszumachen, zu bewerten und ggf. zu korrigieren: Die Normen, die Maße selbst stimmen zum Teil nicht mehr oder werden in ihrer Eigenschaft nicht mehr als allgemein verbindlich anerkannt. Da gibt es Probleme der Rechtsstaatlichkeit: Bestechung, Schmiergelder, Korruption, Vetternwirtschaft greifen um sich. Selbstgängige Unrechtssysteme, Drogen und Diebstahlauto-Handel liefern ihren Beitrag zur erwähnten Paralyse.

Aber was geschieht, wenn gemessen, geurteilt werden soll und die Maße nicht mehr stimmen, nicht mehr allgemein Anerkennung finden, ungenau sind? Es wird immer schwieriger, Fehler klar auszumachen, Unrecht und Unsinn zu erkennen. Wenn Gesetze in immer neuen Fällen von höchstrichterlichen Entscheidungen oder vom Verfassungsgericht korrigiert werden müssen, wird Rechtsfindung gefährdet.

Im Grunde genommen darf das alles nicht allzu pessimistisch stimmen. Denn ein Teil der Probleme, die Auflösung der Normen beziehungsweise die Entfernung von ihnen, ist so alt wie die Menschheit selber. Insbesondere in der Ökonomie sollten wir da nicht allzu ängstlich sein, denn *ein* ökonomisches Gesetz wird für alle Zeiten seine Gültigkeit behalten, und das ist das Gossensche Gesetz. Wir erinnern uns: Das Gesetz vom abnehmenden Grenznutzen. Es beherrscht die Kosten- und Ertragsgesetze, Bedürfnisse, Angebot und Nachfrage, Nutzwert-Portfolio-Analysen usw.

Aber dieses ist am wichtigsten und vordringlich: Man muß bemüht sein wollen, den ökonomischen Unsinn zu bekämpfen, ihn zu vermeiden suchen. Bei allen mutmaßlichen Rückschlägen darf unsere Antwort auf das Thema nur heißen: Wider den ökonomischen Unsinn!

Ein Patentrezept gibt es nicht. Asoziale Forderungen, die sich immer an andere richten und anderen Menschen Pflichten auferlegen, sollen hier nicht gestellt werden. Aber Anregungen können gegeben werden, ausdrücklich mit dem Vermerk, daß sie in dieser Kürze nur das vorangehend Beschriebene ergänzen und konkretisieren, auf keinen Fall aber vollständig sein können.

- Allem voran sollte immer eine klare Definition für ökonomische Begriffe gestellt werden, wie gezeigt, kann der Begriff „Arbeitsplatz" in verschiedenem Zusammenhang gesehen werden. Auch der Gewinnbegriff verdient besondere Beachtung, so hat der Gewinn eines Maschinenbauunternehmens einen anderen und höheren volkswirtschaftlichen Stellenwert als beispielsweise ein Lottogewinn.
- Wirtschaftspolitik bedarf der Beachtung des wirtschaftlichen Umfeldes, lokal wie temporär. Bei allen Trends zu mehr und höherqualifizierter Spezialisierung muß die Vernetzung der Systeme beachtet werden. im Grunde genommen darf keine Entscheidung fallen ohne Rücksicht auf das Ganze.

„Total Quality Management", die Qualitätskontrolle in Unternehmen, der alle Vorgänge von der Planung bis zum Versand unterliegen, sie müßte gedanklich auch die Wirtschaftspolitik durchziehen und bestimmen.

Den Menschen sind bei Zukunftsvisionen immer Grenzen gesetzt. Das schließt das Ausloten von zukünftigen Möglichkeiten nicht aus. Der globale Wandel der Zukunft kann beispielswcise durch die Bevölkerungsexplosion bestimmt werden. Das Ende der traditionellen Landwirtschaft, der Aufstieg multinationaler Konzerne sind weitere Aspekte. Aus der Ost-West-Wanderung kann unter Umständen eine West-Ost-Wanderung werden, zu reichen Bodenschätzen und in fast menschenleere Regionen, wie in der Physik nach dem Gesetz der kommunizierenden Röhren.

- Kontrollen – nicht für Trinkgelder, sondern für Millionen- und Milliarden-Vermögen und Vollmachten, ohne Rücksicht auf strafrechtliche Immunität. Mehr Kompetenz den Rechnungshöfen! Ihre Beratungs- und Kontrollfunktion muß gesetzlich deutlich getrennt werden.
- Ausbildung – nicht nur für Azubis sondern auch für Manager: „Öffnung der Hochschulen für das Chaos der Welt" (FAZ 2.1.93). Auch schon auf der Hauptschule, auf weiterbildenden Schulen selbstverständlich, sollten Anfangskenntnisse und Umgang mit wirtschaftlichen Begriffen den Schülerinnen und Schülern nahegebracht werden.
- Strafrechtliche Immunität für nicht vorbestrafte aktive Manager über 65 Jahre von Unternehmen mit weniger als 40 Millionen DM Umsatz.

Und so weiter!? 147

- Der Tatbestand der Amtsuntreue gehört in das Strafgesetzbuch.
- Die Zusammensetzung der Volksvertretungen beziehungsweise Parlamente in Bund, Ländern und Gemeinden sollten stärker die Kreise repräsentieren, die die volkswirtschaftliche Leistung im wesentlichen erbringen: Handel, Gewerbe, Handwerk, Industrie und Steuerzahler.
- Allmählicher Rückzug des Staates aus verzichtbaren öffentlichen Aufgaben, Senkung und Definition der Staatsquote am Bruttosozialprodukt. Der Bund der Steuerzahler errechnete Anfang 1993 ein Einsparpotential von 155 Milliarden DM.
- Wenn der Personaleinsatz im produzierenden Sektor der Vokswirtschaft immer weiter zurückgeht (weniger h pro Leistungseinheit), entfällt ein immer kleinerer Teil des (wachsenden) Volkseinkommens auf diese produktiv tätigen Personen. Die Besteuerung nach Leistung muß daher stärker auf Besteuerung des Nutzens, der Vorteile (Automaten- und Verbrauchsteuern) umgestellt werden.
- Einführung einer Negativsteuer als sozialpolitisches Integrationskonzept.
- Bürokratie-Abbau, soweit Bürokratie Wirtschaft und Lebensqualität behindert.
- Veröffentlichungspflicht der Jahresabschlüsse beziehungsweise Haushaltspläne und Vermögenshaushaltspläne für öffentliche Einrichtungen, Krankenkassen, Berufsgenossenschaften usw.
- Schaffung eines Subventionskodex
- Versachlichung der Politik
- (Nicht nur für Philosophen:) Mehr Langsamkeit: Auch die Evolution in der Natur, sofern denn ihre Ergebnisse von Dauer waren, hat sich ohne Zeitdruck vollzogen. In der Ökonomie braucht die Entscheidungsfindung in Abstimmung mit dem Umfeld Zeit.
- Vermögensbildung durch Steuer- und Zinspolitik für breite Bevölkerungsschichten, Beteiligung an Kapitalgesellschaften direkt oder über Fondsvermögen, insbesondere in den neuen Bundesländern.
- freie Arbeitsvermittlung
- und weiteres mehr

Hier wurde der Weg beschritten, über den „ökonomischen Unsinn" nachzudenken: Seine Erklärung und Überwindung müßte mehr als bisher Gegenstand ökonomischer Lehre und Politik werden. In Anbetracht mancher erschreckender Entwicklung in Wirtschaft, Staat und Gesellschaft erscheint hier dieses Ziel ebenso wichtig wie Neukonzeptionen theoretischer oder politischer Denkmodelle. Es geht in die Richtung, Wohlstand zu schaffen und zu erhalten, gegen das namenlose Elend in der Welt.

Und der Weg ist so wichtig wie das Ziel.

Literatur

Bethmann, Johann Philipp Freiherr von, Die Zinskatastrophe, Königstein/Ts. 1982
Brennan, Geoffrey/Buchanan, James M., Die Begründung von Regeln – Konstitutionelle Politische Ökonomie, Tübingen 1993
Dichter, Ernest, So führen Manager ihr Unternehmen zu Spitzenleistungen, Landsberg am Lech 1984
Dörner, Dietrich, Die Logik des Mißlingens, Hamburg 1992
Erhard, Ludwig, Wohlstand für alle, Düsseldorf 1990
Geyer, Horst, Über die Dummheit, Göttingen 1954
Hartfield, Günter, Herausgeber, Wörterbuch der Soziologie, Stuttgart 1972
Hauenstein, Bernhard, Klugheit, Stuttgart 1988
Kirchgässner, Gebhard, Homo Oeconomicus, Tübingen 1991
Kromka, Franz/Kreul, Walter, Unternehmen Entwicklungshilfe, Osnabrück 1991
Leymann, Heinz, Mobbing, Hamburg 1993
Little, Arthur D., Herausgeber, Management der F&E-Strategie, Wiesbaden 1991
Neumark, Fritz, Handbuch der Finanzwissenschaft, Bd. I, Tübingen 1977
Revermann, Heinrich/Sonntag, Philipp, Schlüsseltechnologien, Berlin, Offenbach 1987
Roy, O. du/Feys. I. C./Meyer, A. V., Wege zu einer allgemeinen Zeitpolitik, Dublin 1990
Schmidt, Heinrich, Herausgeber, Philosophisches Wörterbuch, Stuttgart 1991
Staudt, Erich, Das Management von Innovationen, Aschaffenburg 1986
Tumm, Günter W., Erfolg durch bessere Entscheidungen, München 1975
Womack, James P./Jones, Daniel T./Roos, Daniel, Die zweite Revolution in der Autoindustrie, Frankfurt/New York 1991
Zbinden, Hans, Von der inneren Freiheit, Zürich/Stuttgart, 2. Auflage 1958

Der Autor

Dr. Karl-Ernst Detering, geboren 1934 in Osnabrück, studierte Betriebswirtschaft an den Universitäten Köln und Münster. Nach seinem Abschluß als Diplom-Kaufmann 1959 war er in einem Wirtschaftsverband und in der Betriebswirtschaft eines Großunternehmens tätig. Als die Bundesregierung in den 70er Jahren begann, Forschung und ihre Anwendung in der gewerblichen Wirtschaft zu fördern, wurde die Technologieförderung sein beruflicher Hauptinhalt. Er entschloß sich zur Promotion (1982) mit dem Dissertationsthema „Die öffentliche Forschungsförderung in ihren betriebs- und volkswirtschaftlichen Auswirkungen". Das veranlaßte ihn auch dazu, sich mit diesem Management-Lesebuch noch einmal den Sinnfragen der Wirtschaft zuzuwenden.

Weitere Fachbücher zu Selbstmanagement und Karrierestrategie

Robert Becker
Besser miteinander umgehen
Die Kunst des interaktiven
Managements
284 Seiten, 78,– DM

Wolf W. Lasko
Small talk und Karriere
Mit Erfolg Kontakte knüpfen
176 Seiten, 58,– DM

Wolf W. Lasko
Charisma
Mehr Erfolg durch persönliche
Ausstrahlung
260 Seiten, 68,– DM

Jagdish Parikh
Managing Your Self
Streßfrei und gelassen auf dem Weg
zu Spitzenleistungen
224 Seiten, 78,– DM

Winfried Prost
Führe dich selbst!
Die eigene Lebensenergie
als Kraftquelle nutzen
160 Seiten, 68,– DM

Udo B. Schwartz
First Class
In Spitzen-Restaurants und
Top-Hotels professionell auftreten
224 Seiten, 68,– DM

Gerhard Schwarz
Konfliktmanagement
Sechs Grundmodelle
der Konfliktlösung
191 Seiten, 68,– DM

Wolfgang Siemers
Management and more
Die Kunst der Führung in 12 Briefen
204 Seiten, 68,– DM

Rudolf F. Thomas
Chefsache Mobbing
Souverän gegen Psychoterror
am Arbeitsplatz
160 Seiten, 58,– DM

Rolf Wabner
Selbst-Management
Wie Sie zum Unternehmer Ihres
Lebens werden
91 Seiten, 38,– DM

Rosemarie Wrede-Grischkat
Manieren und Karriere
Verhaltensnormen für Führungskräfte
332 Seiten, 72,– DM

Zu beziehen über den Buchhandel
oder den Verlag.

Stand der Angaben und Preise:
1.12.1994
Änderungen vorbehalten.

GABLER
BETRIEBSWIRTSCHAFTLICHER VERLAG DR. TH. GABLER, TAUNUSSTRASSE 52-54, 65183 WIESBADEN

MIX
Papier aus verantwortungsvollen Quellen
Paper from responsible sources
FSC® C105338

If you have any concerns about our products,
you can contact us on
ProductSafety@springernature.com

In case Publisher is established outside the EU,
the EU authorized representative is:
**Springer Nature Customer Service Center GmbH
Europaplatz 3, 69115 Heidelberg, Germany**

Printed by Libri Plureos GmbH
in Hamburg, Germany